はじめに

　本書は、高校バドミントン界の頂点に立つ埼玉栄高校の選手をモデルに、強くなるための基本から練習法までをまとめたものです。埼玉栄の男子バドミントン部は、2016年のインターハイでは団体・個人複の2冠を達成。通算では、インターハイ団体で11回、選抜団体で6回の優勝を飾っています。モデルとなってくれた選手たちのレベルは高いので、彼らの実技を見るだけでも良いイメージがわいてくることでしょう。

　実際、撮影では撮り直しがほとんどありませんでした。それは彼らが確かな技術を持っているからです。そしてその技術の根本にあるのが「基本」なのです。彼らはバドミントンを始めたときから、しっかりとした指導理論の元に基本を教え込まれています。基本（ベース）がしっかりしているから、応用（オプション）にも自在に対応できるのです。

　本書の構成は、第1、第2章でバドミントンの全体の基本要素を紹介しています。第3、第4、第5章ですべてのショットのポイントを練習法とあわせて紹介しています。ここでテクニックを学んで下さい。

　また、第6、第7章では埼玉栄で行っている練習法を紹介しています。フットワークを鍛えて実戦に即した練習に結びつけてください。最後の第8章では試合に勝つための考え方、戦術を紹介しています。戦いのセオリーをバックボーンにしながら自分の得意な攻撃パターンを考えましょう。

　うまくなるための魔法の薬はありません。しかし、本書を参考に、繰り返し、繰り返し練習を行えば、かならずブレイクスルーのときがくるはずです。

CONTENTS

002　はじめに

第1章　バドミントンの基本

012　基本のグリップ
014　「外旋、内旋」と「回内、回外」
016　ストロークのスイングイメージ
018　ホームポジションでの基本姿勢
019　ブレーキング時の基本姿勢
020　フットワークの基本　ホームポジションからフロントコートへ
022　フットワークの基本　ホームポジションからリアコートへ
024　フットワークの基本　リアコートからフロントコートへ
026　ポジショニングの基本
028　バドミントンのコート、用具

第2章　基本ストロークを押さえよう

032　オーバーヘッドストローク
034　ラウンド ザ ヘッドストローク
036　サイドストローク（フォア）
038　サイドストローク（バック）
040　アンダーストローク（フォア）
042　アンダーストローク（バック）
044　ハイバック

046 フォア奥
048 どこで、どんなショットを使うのか？

第3章 基本ショットを押さえよう①
オーバーヘッド系ショットのバリエーション

052 ハイクリア
054 ハイクリアの練習法
056 ドリブンクリア
058 ドリブンクリアの練習法
060 スマッシュ
062 ジャンピングスマッシュ
064 カウンタースマッシュ（フォア奥）
066 カウンタースマッシュ（ラウンド）
068 スマッシュの練習法
070 ドロップ
072 ドロップの練習法
074 カット
075 リバースカット
076 「カット＋リバースカット」を使って戦略的に戦おう
078 カットの練習法
080 ハイバック
082 ハイバックの練習法

第4章 基本ショットをおさえよう②
サイド／アンダー系ショットのバリエーション

- 086 ドライブ（フォア）
- 088 ドライブ（バック）
- 090 ドライブの練習法
- 092 プッシュ（フォア）
- 094 プッシュ（バック）
- 096 プッシュの練習法
- 098 フォアハンドロブ
- 100 バックハンドロブ
- 102 ロブの練習法
- 104 レシーブ
- 108 レシーブの練習法
- 110 ヘアピン（フォア）
- 112 ヘアピン（バック）
- 114 クロスネット
- 116 スピンネット
- 118 ヘアピンの練習法

第5章 基本ショットを押さえよう③
サービスのバリエーション

- 122 フォアハンドショートサービス
- 124 フォアハンドロングサービス

目次

- 126 バックハンドショートサービス
- 128 バックハンドロングサービス
- 130 サービスとレシーブを組み合わせた練習法（シングルス編）
- 132 サービスとレシーブを組み合わせた練習法（ダブルス編）

第6章 強くなるための基礎練習法

- 136 リアコートに下がるときのフットワーク練習
- 138 サイドに飛びつくときのフットワーク練習
- 140 サイドに落とされたときのフットワーク練習
- 142 ネット前の打球を処理するときのフットワーク練習
- 144 アタック＆プッシュで前後に動くときのフットワーク
- 146 シャトル置き＆ラインタッチでフットワーク強化
- 148 指示付きオールコートのフリーのフットワーク練習
- 150 ノックによる練習法① ノック練習で強くなろう！
- 151 ノックによる練習法② ショートリターン→フォア奥スマッシュ→ネット（複数）→ロブ→スマッシュ
- 152 ノックによる練習法③ ショートリターン→ラウンドスマッシュ→ネット（複数）→ロブ→スマッシュ
- 153 ノックによる練習法④ 前後のフリーアタック
- 154 ノックによる練習法⑤ サイドのカウンタースマッシュ
- 155 ノックによる練習法⑥ オールコートフリー（センターからノック）
- 156 ノックによる練習法⑦ 前後ノック（フォア前＆バック前からノック）
- 157 ノックによる練習法⑧ 手投げノックによるフロントコート、ミドルコートでのレシーブ

第7章 強くなるための実戦的練習法

シングルスの実戦的練習法

- 160 練習法① クリア→カット→ヘアピン→ヘアピン→ロブ→クリアのパターン
- 161 練習法② クリア→スマッシュ→ショートリターン→ヘアピン→ロブ→クリアのパターン
- 162 練習法③ ロングロング＆ショートショート
- 163 練習法④ ロングショート＆ショートロング
- 164 練習法⑤ コート半面のスマッシュ＆ネット
- 165 練習法⑥ 全面対半面のスマッシュ＆ネット
- 166 練習法⑦ アタックなしのフリー練習
- 168 練習法⑧ クロスカット→ストレートロブ→カウンタースマッシュ→リターン→ネットのパターン

ダブルスの実戦的練習法

- 169 練習法① 2対1のアタック＆レシーブ
- 170 練習法② 2対1のプッシュ＆リターン
- 171 練習法③ 3対2のフリーゲーム
- 172 練習法④ 4対2の変則ゲーム
- 173 練習法⑤ 2対1で行うスマッシュ3コースドリル
- 174 練習法⑥ 2対1で行うつなぎ球ドリル
- 175 練習法⑦ ダブルスのローテーション

目次

第8章 シングルス&ダブルスの戦術

シングルスの戦術

- 178 **戦術①** 先手、先手で攻めるためには？
- 179 **戦術②** ラリーを有利に展開するためには？
- 180 **戦術③** スマッシュの基本コースは？
- 181 **戦術④** シングルスの攻撃の糸口は？
- 182 **戦術⑤** 強打してくる相手と当たったら？
- 183 **戦術⑥** 受けに強い相手と当たったら？
- 184 **戦術⑦** 単調な攻撃を打開するショットは？
- 185 **戦術⑧** ネット前の攻めを効果的にするには？

ダブルスの戦術

- 186 **戦術①** 相手がサービスのときは？
- 187 **戦術②** ダブルスの陣形は？
- 188 **戦術③** トップアンドバックでの攻め方は？
- 189 **戦術④** サイドバイサイドでの守り方は？

- 191 **あとがき**

第1章

バドミントンの基本

まずこの基本を押さえよう

この章では、バドミントンを始める上で、「ここを押さえないと絶対にうまくならない」という基本中の基本を紹介します。基本がしっかりしていれば上達のスピードは一気に上がります。ポイントを押さえてイメージを高めていきましょう。

基本のグリップ

基本のグリップはフォア、バック両対応のイースタン

バドミントンで基本となる握りはイースタングリップです。まずグリップを確認しましょう。写真①のようにラケットを握ったときにサイドフレームと床が垂直になっていることを確認して下さい。ラケット面が見えているのは間違った握り。サイドフレームと床が垂直になるような形で握るのが、イースタングリップです。

イースタングリップで握ると、握り変えることなくフォア（身体の右側）とバック（身体の左側）に対処できます。もちろん頭の上で打つオーバーヘッド系のショットに使うのもイースタングリップです。また、この握りからバックハンドで打つときは、親指でハンドルを支える「サムアップ」というテクニックを使います。

ラケットを握るときは長く持ったほうがより力強く振れ、短く握ると素早く相手の球に対応できます。また、ラケットを握ったときは、手首を起こす形に「リストスタンド」するのも大切なポイントです。

POINT イースタングリップ
このように床と面が垂直になるように握るのが基本 ①

POINT リストスタンド

イースタングリップで握るとフォア側でもバック側でも握り変えることなく対応できる。またこのときは、手首を起こした「リストスタンド」にするのも大切なポイント

第1章 バドミントンの基本

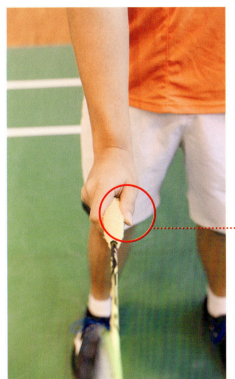

POINT サムアップ

バックハンドでは親指でグリップを押さえるサムアップが必要

POINT

応用グリップ

実戦ではすべてのショットをイースタングリップで処理できるわけではありません。ネットの近くでプッシュを打つときなど、とっさの状況ではウエスタングリップを使う場合もあります。しかし、基本となるのはあくまでイースタングリップ。とくに守備に回ったときは、イースタングリップでサムアップした（バックの構え）ほうが球をさばける範囲が広いということを頭に入れておきましょう。

ウエスタングリップ / イースタングリップ

プッシュを打つときはウエスタングリップに握り変えることもある

イースタングリップだとこの範囲の球に対応できる

「外旋、内旋」と「回内、回外」

「外旋、内旋」と「回内、回外」の2つを連動してスイング

　ラケットを振る（スイングする）ときに大事になるのが「外旋、内旋」と「回内、回外」という運動です。下の写真を見てください。これは「外旋、内旋」と「回内、回外」の動作を簡便に示したものです。
　「内旋」は①〜③の順に動かす腕の動きで、その逆に③〜①に動かす動作が「外旋」ということになります。また「回内」は、⑤→④のように手のひらを内側に向ける動きで、⑤→⑥のように手のひらを外側に向ける動きが「回外」ということになります。「外旋、内旋」は「手まねき」するときの動き、「回内、回外」はうちわで顔をあおぐときの肘から先の動きをイメージするとわかりやすいでしょう。
　ラケットのスイングは、この「外旋、内旋」と「回内、回外」の運動が自然と連動し構成されています。例えばサイドストロークなら、「回内」は「内旋」と連動し、フォアハンドを打つ際の動作となっているし、「回外」は「外旋」と連動して、バックハンドを打つ際に使われています。本書では「外旋＆内旋、回内＆回外を使おう」という言葉がたびたび出てくるので、まず基礎知識として頭に入れておきましょう。

POINT「外旋、内旋」

写真のように①〜③と腕を振る動作が「内旋」。その逆の③〜①に動かす動作が「外旋」

第1章
バドミントンの基本

POINT
「回内、回外」を使うとこうなる

野球のピッチャーがボールをリリースした後には、この写真と同じように、手のひらが外側に向く。これが回内→回外を使った証。腕（ラケット）を速く振るためには欠かせない運動だ。

POINT 「回内、回外」

写真のように手のひらを内側に向ける動きが「回内」⑤→④。手のひらを外側に向ける動きが「回外」⑤→⑥

ストロークのスイングイメージ

「外旋、内旋」と「回内、回外」は自然にミックスしている

シャトルを打ち出すときには自然に身体の力を伝えることが重要です。下の①〜⑤は、オーバーヘッド系のストロークでシャトルを打ち出したときのスイングイメージです。

スイングするときはまずテイクバックで横向きの体勢を作ります。こうして①のような体幹の捻りを作り、その捻り戻しを使いながら、肩の外旋と内旋、そして肘から先の回外、回内という順で振り出せばシャトルにうまく力を伝えることができます。

このときに意識したいのは、②のように身体の動作が先行して、腕が遅れてその動きについてくる、というイメージです。体軸を安定させて、肘に角度を持たせたままスイングすれば、自然と理想的なオーバーヘッドストロークになります。

また、「回内、回外」は、オーバーヘッド系のストロークで強調されますが、右の写真のように、身体の両サイドでシャトルを飛ばすときにも自然と使っている運動です。

POINT

ラケットを振り出す直前は、身体の動きが先行して、腕が遅れて出て行く。このときに肘に角度をつけ、リストスタンドしていると力強くラケットを振ることができる。

ホームポジションでの基本姿勢

　ホームポジションではどの方向にも素早く動き出すことができる構えで、相手のシャトルを待つ必要があります。右と下は、基本となる待球姿勢（シングルスのレシーブを想定）を示したものです。まずこの構え方をしっかりととるようにしましょう。

上体を起こして前傾姿勢で（猫背にならない）

ベタ足にならないようにかかとを浮かす

ラケットは身体の正面に構える

構えたときは脇を締めすぎず、開きすぎない

股関節に角度を持たせる

スタンス幅は肩幅ベース

POINT リストスタンド

ダブルスの場合はシングルスのときよりラケットを高く構える

　バドミントンでは「リストスタンド」することが基本。ラケットを構えたときに左の写真のように手首を立てた形を作っていないと、「外旋、内旋」と「回内、回外」の運動をうまく使えない。よく見かけるのは、腕が伸び切った状態でラケットを振るNG例。これは「外旋、内旋」、「回内、回外」の運動が使えていない証だ。

ブレーキング時の基本姿勢

ホームポジションで基本姿勢があるように、前後左右に動いてシャトルを処理したときにはブレーキング時の基本姿勢があります。写真はフォア前、バック前、フォア奥、バック奥（ラウンド）で処理したときのブレーキング姿勢です。点線で示したことが特に大切なポイントなので、これらは常に意識しましょう。

バック前
踏み込み角度はいちばん力が入る135度程度。曲げ過ぎると打ち終わった後の戻りが遅くなるので注意

フォア前
膝の向いた方向が足先の向きになるようにする。これが前に動いて止まるときの基本。障害防止にもつながる

フォア奥
できるだけ打点の下に入るポジションに右足を運ぶ。打った後はこの足で床を蹴って素早くポジションを戻す

バック奥
打球後は左足で踏ん張って身体が流れないように着地。右足はホームポジションに向けて前に出す

フットワークの基本　ホームポジションからフロントコートへ

　ここからは基本的なフットワークを紹介します。バドミントンの動きは、前後斜めの4方向と左右の2方向が基本となります。ここで紹介しているのは、ホームポジションからフロントコートに動いたとき、ホームポジションからリアコートに下がったとき、リアコートからフロントコートまで一気に動いたときの計6パターンのフットワークです。この6パターンには大切な要素がたくさん詰まっています。134ページからの第6章とあわせて大切なフットワークの基本を頭に入れましょう。

ホームポジションからフォア前

① 進行方向へ右足を小さく踏み出して

POINT
継ぎ足
左足が右足を追い越す継ぎ足で歩を調整する

② 左足を引き寄せる

ホームポジションからバック前

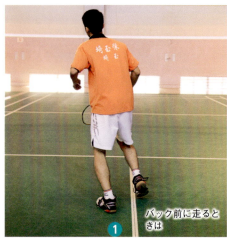

① バック前に走るときは

POINT
直線的に走る
バック前のシャトルを拾うときはラン形式で最短距離のフットワークを！

② 最初の一歩を小さく踏み出し

第1章 バドミントンの基本

↓右前に動くときは歩幅が足らなければ「継ぎ足」のテクニックを使って身体を運ぶ。またフォア前に動くときはフェンシングで前進するときのようなシャッセ（すり足）を使って最後の一歩は足を振り上げて大きく踏み込み、バランスを保つようにする

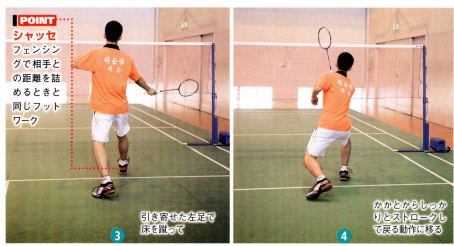

POINT　シャッセ
フェンシングで相手との距離を詰めるときと同じフットワーク

③ 引き寄せた左足で床を蹴って

④ かかとからしっかりとストロークして戻る動作に移る

↓バック前に動くときはランニング形式で素早く動く。フォア前と違ってシャッセを使うことはない。大切なのは③の大きく踏み出す左足。この足がしっかり出ていれば2歩でシャトルに追いつくことができる

③ 左足を大きく踏み出して

④ 右足のかかとから踏み込み、しっかりとストロークして戻る動作に移る

フットワークの基本　ホームポジションからリアコートへ

ホームポジションからフォア奥

フォア奥に下がるときのフットワークはサイドステップが基本。大切なのは右足（軸足）で上体を安定させること。踏ん張った最後の右足で姿勢を整えることができていればショットは安定する。打ち終えた瞬間には足の入れ替えが完了し、右足がホームポジションの方向に向いていると素早く戻ることができる

① 左足から蹴り出し

② サイドステップを使って右後方へ移動

ホームポジションからバック奥（ラウンド）

バック奥をラウンドで処理するときは、右肩を引いて身体を半身にしながら大きなサイドステップで下がるのがポイント。打つ直前に右足で上体を安定させ、スイングしながら左右の足を入れ替えて着地。受け足がしっかりできていれば素早くホームポジションに戻ることができる

① 右足で一歩目を蹴り出し

② 右肩を引きラケットを準備

第1章 バドミントンの基本

> **POINT**
> **目線をぶらさない**
> 前後に動くときはできるだけ目線が上下しないことを意識しよう。打球後は棒立ちにならないよう常に股関節の角度を維持するよう心がける

③ 上体を安定させて

④ 足を入れ替えて着地

> **POINT 受け足が大事**
> 土踏まずで床を押さえるような形で着地するのがラウンドの基本。こうすると戻るときの一歩目が早くなる

③ 右足で状態を安定させて

④ 足を入れ替えて左足着地

⑤ すぐに戻れる体勢を作る

フットワークの基本　リアコートからフロントコートへ

フォア前

リアコートに追い込まれたときはハイクリア等を使ってポジションを回復することを考えるのが基本。ホームポジションに戻る時間的余裕があるときは、フォア前に落とされても「くの字」に動きながら、最後の一歩で右足を大きく踏み込んでシャトルを拾うようにしよう。

① コートのフォア奥からハイクリアを上げたイメージ

② 相手の返球を予測しながらホームポジションへ移動

バック前

バック奥に追い込まれたときも基本の動きは同じ。このときにはホームポジションに戻ってバック前のシャトルを取るときの動きが「逆くの字」になる。もちろんホームポジションに戻る時間的余裕がない攻めをされたときは、ラン形式で一直線に駆け上がり、最後の一歩を大きく踏み込んでシャトルを拾うようにしよう。

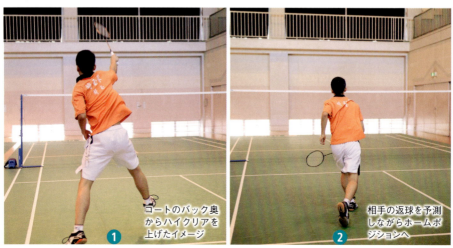

① コートのバック奥からハイクリアを上げたイメージ

② 相手の返球を予測しながらホームポジションへ

第1章 バドミントンの基本

③ フォア前に落とされたときはラケットを準備しながら方向転換

④ 継ぎ足を使いながら体勢を整えて

⑤ シャッセで右足を大きく踏み込んでシャトルを拾う

POINT 足で調整する

フォア前でもバック前でも大切なのは最後にラケットをしっかりと振れるポジションに身体を運ぶこと。継ぎ足やすり足を使いながら歩幅を調整し、最後の一歩の蹴り出しでシャトルに追いつこう！

③ ラケットを準備しながら右足を蹴って方向転換

④ 左足、右足の2ステップでバック前に身体を運ぶ

⑤ 上体を起こした体勢でしっかりとストロークできるように

ポジショニングの基本

ホームポジションを確保するのが基本

シングルスの場合、コートを9分割すると、そのセンターがホームポジションということになります。このホームポジションから、前への動きと後ろへの動きを紹介したのが20〜25ページの基本フットワークです。

相手のことを考えなければ単純にコートを9分割して、ホームポジション（ミッドセンター）からのプレイや動きを考えることが基本となりますが、試合になるとそのような単純な割り切り方はできません。なぜなら、相手が打つポジションによって、ホームポジションがかならずしもミッドセンターでない場合もあるからです。

試合で意識してほしいのは「プレーイングセンター」という考え方です。実際にプレイしているときのホームポジションは流動的です。例えば相手がフォア奥で打ってくるときとバック奥で打ってくるときのホームポジションは同じではありません。自分の打ったシャトルのコースと相手の対応によって臨機応変に最適のポジションをとることが大切なのです。

コートを9分割したときの名称

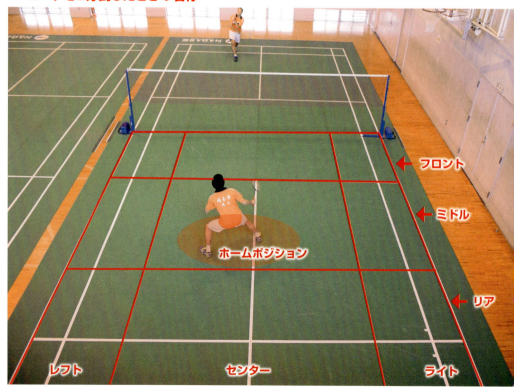

第1章 バドミントンの基本

POINT プレーイングセンターという考え方

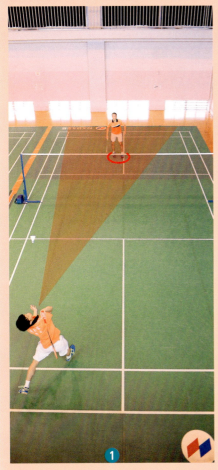

①

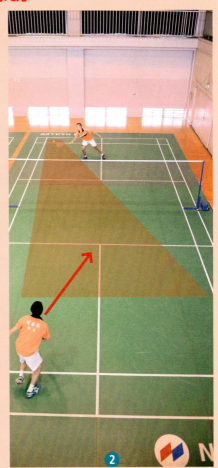

②

相手があるポジションから打ってくるときにそのショット（コース）の真ん中をホームポジションと考えるのがプレーイングセンターの基本的な考え方。9分割したセンターに構えるより実戦的なポジショニングと言える。①のようにバック奥からハイクリアを上げた状況なら、予測コースのセンターにポジショニングするのが基本となる。また、バック奥から打った選手は、自分が上げたシャトルから次の返球コースを読んで、②のようにすぐにポジションを上げるのが基本の動き方となる。

バドミントンのコート、用具

コートの名称と広さ

　バドミントンコートは縦13.4m、横6.1mの長方形で、ライン幅は4cmに設定されています。シングルスの試合はシングルス用に引かれたサイドライン内で行い、ダブルスでは外側に引かれたダブルスサイドライン内で行います。
　また、サービスはシングルスは①のエリア、ダブルスは②のエリアに打たなければいけません。

ネットの高さ

　ネットを張っている支柱はダブルスサイドライン上にあり、その高さは1.55mと決められています。ただし、コートの中央部は1.524mとポストより少し低く設定されています。また、ネットの上部には7.6cmの白いテープを貼るように定められています。

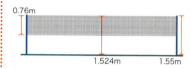

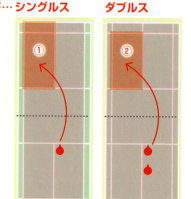

第1章 バドミントンの基本

フレーム / ヘッド / 28cm以内 / 22cm以内 / 面（フェイス）/ 68cm以内 / シャフト / グリップ（ハンドル）/ グリップエンド

ラケットのサイズと選び方

　ラケットは全長68cm以内、ガットを張るストリングエリアは縦28cm以内、横22cm以内と定められています。長さについての規定はありますが、重量についての制限はとくに設けられていません。

　ラケットは非常に多くのタイプがあります。まずは、自分の体格や目指すプレイスタイルを考えて、扱いやすいものを選ぶようにしましょう。また、ストリングの種類やテンションによっても打感が変わってくるので、初めてラケットを購入するときは、先輩やショップの店員さんに相談してみることをお勧めします。

シャトル

　シャトルは16枚の水鳥の羽根をコルク台の上に取りつけた構造になっています。羽根の長さは62〜70mm、羽根の先端は58〜68mmで円形になっています。また、コルク台の直径は25〜28mmで底は丸くなっています。羽根の重量は4.74〜5.50gと規定されています。羽根は天然素材なので、消耗が激しく、リクエストによるゲーム中の交換が許されています。

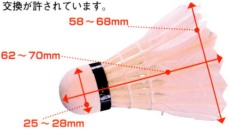

58〜68mm / 62〜70mm / 25〜28mm

**モデルたちのラケットとテンション
（左から／（　）内のテンションはポンド表示）**

YONEX VOLTRIC 70E TUNE (25-27)
YONEX VOLTRIC Z-FORCE2 (26-28)
YONEX NANORAY Z-SPEED (26-28)
YONEX DUORA10 (27-29)
YONEX ARCSABER11 (26-28)

第2章
基本ストロークを押さえよう

どんなときに
どんなショットを
使うのか?

この章では、バドミントンのベースとなる基本ストロークを紹介します。バドミントンは、打つポジションや打点によって様々なショットが必要です。どんなときにどんなショットを使うのか、瞬時に適切なプレーができるようになりましょう。

オーバーヘッドストローク
OVER HEAD STROKE

リストスタンドを意識して肘を下げずに準備する

　シャトルを頭よりも高い打点で打つのがオーバーヘッド系のストロークです。これはリアコートでもっとも頻繁に打つショットで、ショットとしては、ハイクリア、ドリブンクリア、スマッシュ、ドロップ、カットなどを打つときに使います。

　それぞれのショットで細かいテクニックやうまく打つコツは異なりますが、上から落ちてくるシャトルへの入り方や、打つときの身体の使い方、腕の振り方といった基本的な部分は共通します。オーバーヘッド系のストロークが強くなれば、多彩なショットでリアコートからでも相手を攻めていくことが可能です。

　ラリーを優位に運ぶためのベースになるのがオーバーヘッド系のストロークです。オーバーヘッドが強くなれば、リアコートからでも相手を攻めることが可能です。まずはハイクリアを打ったときの連続写真を参考に基本項目を押さえていきましょう。

POINT リストスタンドを意識して肘を下げない

オーバーヘッド系のショットで重要なのはリストスタンドして肘を高い位置にキープするテイクバック。ここで肘が低い位置にあると、スイングがスムーズに行えず高い位置でシャトルを叩くことができないので、リストスタンドはつねに意識しよう

① 肘を上げながらシャトルの落下点を予測
② 軸足（右足）をしっかり作って上体を安定させる
③ 右足を蹴ってスイングに入る

第2章 基本ストロークを押さえよう

POINT 外旋と回内を使ったスイング

ラケットを振り出す直前はラケットヘッドが床を向いていて（①）、打ち終わった後のフォローではラケットヘッドが外側を向いていれば回内を正しく使った証拠（②）。スイングするのは右肩の上あたり。腕が伸び切っていると鋭いスイングができないので注意しよう。

POINT シャトルの下に身体を運ぶ

打点は自分の頭より前に取るのが基本。そのためには落ちてくるシャトルよりも後ろに身体を運び、グッと軸足でためて待つ体勢を作ることが大切。この写真はハイクリアなのでほぼ頭上で打っているが、スマッシュなどで叩き込む場合の打点はもっと前になる

④ 振り出しのときのラケットヘッドの向きをチェック

⑤ インパクトは身体のラインの中で

⑥ しっかりとラケットを振り切って次の打球に備える

ラウンド ザ ヘッドストローク
ROUND THE HEAD STROKE

ラウンドに強くなれば確実に強くなれる

　左後方のシャトルを自分の頭より左側でとらえて打つのがラウンド ザ ヘッド ストローク（ラウンド）です。ハイバックで処理するよりも攻撃的で力強いショットを打つことができるし、相手に背中を向けて打つ必要もないので、次の返球に備える動作が早くなります。簡単なショットではありませんが、強くなるためには、初中級者のうちからバック奥は意識してラウンドで返球することを心がけましょう。

　ラウンドは、身体のバランスを維持しつつ身体の中心線よりも左側でシャトルをとらえるショットです。ポイントはラケットを振り出すことができる準備（レディ）を動き出しの段階で行うこと。特に重要なのが、一歩目の右足を大きく身体の後ろに引くことです。この一歩目の準備が遅れてしまうとバックハンドでの処理となってしまいます。また打球後は、受け足（左足）でしっかりと踏ん張り、上体を安定させて素早く戻ることが大切です。

POINT 大きく引く右足

バック奥にきたシャトルをラウンドで処理するときにもっとも重要なのは最初の一歩で右足を大きく引く動作。この一歩目が遅れてしまうとバックハイでの対応になってしまうので要注意

① 左奥にシャトルが上がったら
② 右足を大きく引いて半身の体勢を作る
③ 右足を踏ん張りながら強く蹴って上体を安定させる

第2章 基本ストロークを押さえよう

POINT 簡単な球出しからスタート

バック奥にきたシャトルをラウンドで処理するときは、写真のように簡単に回り込めるコースに球出しをしてもらうことからスタートしよう。重要なのは最初の引き足（右足）とラケットの準備。移動と同時にこの位置にレディできていればスムーズに打つことが可能だ。

POINT 打球後の受け足

ラウンドはバランスを維持することが何より重要。打球後に受け足となる左足で流れそうになる身体を支え、上体を安定させたままホームポジションに戻る

④ 身体の左側のラインでインパクト

⑤ 身体が流れないようにしっかりと受け足を作り

⑥ すぐに次の打球に備える

サイドストローク（フォア）
FORE-HAND SIDE STROKE

質の良いサイドストロークで攻撃的なプレイを目指そう

　肩から腰周辺の高さのシャトルを身体の横でとらえるのがサイドハンドストロークです。バドミントンの試合は、シングルス、ダブルスともにラリーのスピードが高速化し、ドライブを中心とした低い打球でのラリーが増えてきています。そんな中でサイドハンドストロークはますます重要な技術となっています。

　サイドストロークは床と平行にライナー性に打つ滞空時間が短いショットです。高さと方向性がしっかりしたスピードあるショットを打つためのポイントは、リストスタンドした状態から、肩、肘、手首の順番で、腕をしならせるようにラケットを振ること。その連動がうまくいくとライナー性の球を打ち出せます。

　低く打ち出すサイドストロークで注意しなくてはならないのがネットミスです。ネットミスを減らすためには、インパクトからフォロースルーまで、できるだけネットと平行に腕を振り出すことを意識しましょう。

POINT グリップは頭の位置に準備
リストスタンドしてテイクバックしたときのグリップの位置が頭の高さになっているかチェック。このポジションから腕をしならせるようにスイングする

① リストスタンドした高い構えから
② 自分の間合いに右足を踏み込む
③ ラケットをしならせる状態で準備完了

第2章
基本ストロークを押さえよう

■POINT
自分の間合いを作る

ドライブを打つときは、できるだけ高い打点でシャトルをとらえ、ネットと平行にライナー性の球を打つのがポイント。
スピードある質の良いショットを打つためには、鋭くラケットを振れる間合いを取るようにしよう。

■POINT 床と平行に振り出す

低い弾道で打ったシャトルがネットにかからないようにするためには、④〜⑤のようにインパクトからフォローまで腕を床と平行に振り出す

④ 床と平行にラケットを振り出してインパクト

⑤ 踏み込み足で身体の流れを止める

サイドストローク（バック）
BACK-HAND SIDE STROKE

バックのサイドストロークはサムアップした親指がポイント

身体の左側でシャトルをさばくのがバックハンドのサイドストロークです。基本的なショットの使い方はフォアと同じですが、バックで面を安定させるためにはサムアップすることが必須です。

バックはフォアより難しい印象がありますが、フォアよりも打点が限られるので、ショットが安定しやすいという特徴があります。

ショットを成功させる最大のポイントは、身体のラインよりも前でとらえることです。フォアと同じようにかかとから一歩踏み出し、間合いを調整し、回内→回外を使った鋭いスイングを意識しましょう。ラケットをできるだけ打球方向に振り出すのはフォアと同じ。サムアップした親指でシャトルを押し出すイメージで打ちましょう。

POINT 身体のラインより前でヒット

打点は身体のラインよりも前。打点が後ろになってしまうと鋭いスイングができないので、シャトルを後ろから見るようなポイントでとらえよう！

⑤ 親指で押し込むようにフォロースルー　　④ 鋭くインパクト　　③ 肘を支点にグリップエンドから振り出すイメージで

第2章　基本ストロークを押さえよう

POINT 肘は高い位置にセット

バックハンドでラケットを引いたときは、肘の位置を高いところにキープし、その肘をシャトルのほうに向けるのがポイント。こうすることで肘を支点にした回内→回外のスイングを使うことができる。

POINT サムアップして準備

親指のはらをグリップに沿わせるのがサムアップというテクニック。こうすることで後ろからの支えが強くなり、インパクトが安定する。またインパクト後はサムアップした親指でシャトルを押し出すようなイメージを持つと鋭い打球になる

❷ シャトル方向に自分の間合いで踏み込む

❶ サムアップしたバックハンドのグリップで

アンダーストローク(フォア)
FORE-HAND UNDER STROKE

守備的要素と攻撃的要素を併せ持つアンダーストローク

　ネット前のフロントコートやミドルコートから、下から上のスイングでロブやネットを打つのがアンダーハンドストロークです。ここではミドルコートからロブを打った写真を例にポイントを紹介していくことにします。

　アンダーハンドからネット前に落としたり、コートの奥に上げるショットは、ラリーを構成する上で非常に重要で、守備的要素と攻撃的要素を併せ持ったショットと言うことができます。バドミントンでは「ネットとロブが下手な人は大成しない」と言われるほどアンダーストロークは重要です。

　アンダーハンドで打つときは、右足をしっかりと踏み出し、上体を安定させて、できるだけ高い打点でとらえるのがポイントです。写真のようなロブを上げるときは、回内の動作を使いながらしっかりとラケットを振り切り、ネット前に落とすときは、面を安定させた状態でタッチを出します。

　また、レベルが上がってきたら、ヘアピンとロブを同じ構えから相手にわからないように打ち分けましょう。

POINT
上体はまっすぐにキープ
ネット前に移動するときは、最後の踏み込み足で下半身を安定させて上体はまっすぐにキープ

❺ 打った後も体勢が崩れていないかチェック
❹ ロブを上げるときは大きく振り切る
❸ ぎりぎりまでシャトルを引きつけて

第2章
基本ストロークを押さえよう

POINT 攻撃にも使える

ヘアピンとロブは「対」になるショット。写真のように高い位置でとらえることができれば、相手はヘアピンをケアしてポジションを上げてくるので、その逆をついてロブを上げるなど、アンダーストロークでも攻撃的に使うことができる。

POINT シャトルを十分引きつける

右足を踏み込みながら相手にラケット面を見せるように準備し、ぎりぎりまでシャトルを引きつける

❷ シャトルの位置にラケット面を見せながら準備

❶ ネット前に短い球を落とされた状況

アンダーストローク（バック）
BACK-HAND UNDER STROKE

慣れてくればフォアよりも安定しやすいバックハンド

　フロントコートでネットよりも低いところから打つという意味では、バックハンドもフォアハンドも用途は同じです。また、身体の使い方も、しっかり踏み込んで下半身を安定させ、上半身をまっすぐに保つというポイントは共通します。

　初心者〜中級者レベルでは苦手意識を持ちがちなバックハンドですが、慣れてくれば機械的に打つことができるのでショットは安定します。サムアップして打つのもバックハンドの特徴です。

　大切なポイントは、踏み込み足のつま先前方でシャトルをヒットすること。打点が後ろになるとスイングスペースをうまく作れないので注意しましょう。写真のようにロブで距離を出したいときは、肘を支点にグリップエンドから振り出して（回内、回外が使えている証拠）高いポジションにフィニッシュを持っていくことが大切です。

POINT　フィニッシュは高い位置に
アンダーハンドで距離を出したいときは、フィニッシュを高い位置に持ってくることを意識

⑤ 高いポジションに大きく振り上げる

④ 打点を前に親指で押し上げるようにインパクト

第2章
基本ストロークを押さえよう

POINT 相手にショットを読まれないテイクバック

余裕がある状況で打てるときは、相手にロブを打つのか、ヘアピンでくるのか悟らせないようにしよう。写真のようなテイクバックで入ることができれば、相手を見ながらロブとヘアピンの使い分けができる。

POINT 踏み込み足のつま先前方でとらえる

シャトルをとらえるのは踏み込んだ右足のつま先前方です。打点が膝前になったり、つま先より後ろになると、しっかりとしたスイングができないので注意しよう

③ つま先から踏み込んで姿勢を安定させる　② ランジの姿勢で素早く前に移動　① ネット前に短い球を落とされたら

43

ハイバック
HIGH BACK

一度マスターすれば安定するのがハイバック

相手に左奥にうまく上げられたときは、ラウンドで対処できない状況もあります。そんなときに使うショットがハイバックです。バック側で、しかも後ろに下げられて、背中越しに打つため、高度な技術を要します。しかし、上級者になれば、時間を稼ぐクリアだけでなく、ハイバックでも戦術的に相手の逆を突くカットやスマッシュを打ち分けることができます。

ハイバックは身体のラインより後ろで打つショットなので、ラケット面を出すためにウエスタン気味に握り変える必要があります。ハイバックで大切なのは、ラケットヘッドにスピードを与えることです。そのためには振り始めでは身体に近いところにラケットを準備して、肘を支点に突き放すように回内、回外を使ってラケットヘッドを加速させる必要があります。

意識してほしいのはラケットを速く振れ

> **POINT 背走しながら落下点を探す**
> 背走してシャトルを追うときはシャトルを身体から離すのがポイント。真下に走ってしまうとラケットを振れないので要注意

① ラウンドで打てないとき最初の引き足は左足

② 背中越しに打てるシャトルの落下点に入る

第2章 基本ストロークを押さえよう

るポイントでヒットすることです。

　ハイバックは背中越しに打つショットなので、相手のポジションが見えません。逆に言えば、相手もどんなショットを打ってくるのかわからないということです。背中越しに自分の身体でラケットを隠すのがポイントです。こうすれば、どのタイミングでラケットが出てくるかわからないので、簡単に攻め込まれることはありません。

POINT 打点は身体のラインよりも後ろ

ハイバックの打点は身体のラインよりも後ろ、クローズドに踏み込んだ右足のつま先延長線上に取る。

POINT テイクバックしたときは身体でラケットを隠す

テイクバックでは相手からラケットが見えないようにして、大きくクリアしてくるのか、カットで短く落としてくるのか、安易に読ませない

③ 自分の身体でラケットを隠して

④ 肘を支点にした鋭い振りでインパクト

⑤ 回内、回外を使ったスイングをしたフォロースルー位置

45

フォア奥
DEFENSIVE UNDER STROKE

どこまで打てるか自分のラインを自覚することが大切

　センターポジションを取って、つねに良い体勢でストロークするのがバドミントンの理想ですが、自分の打った球が甘くなったり、相手の返球が厳しかった場合、不利な状況になるのはよくあることです。実際の試合の中では、万全ではない状態や追い込まれた状態からいかにクオリティの高いショットが打てるかが重要になってきます。ここではその一例としてフォア奥からの返球を紹介しておきます。

　フォア奥に追い込まれた状態で大切なポイントは、④のように、自分が打てる（ラケットを振れる）ラインまで身体を運ぶことです。また、シャトルをできるだけ身体の後ろで打たないことも大切です。このときのポイントとなるのが、打点まで身体を運ぶ最後の一歩です。歩が足りなければスライドのテクニックも使います。

　連続写真のショットはオーバーヘッドのスイングを身体の斜め横で行っているのとまるで同じです。ポイントは回外→回内を使って鋭くラケットヘッドを回し、シャトルを遠くに飛ばすという点です。

POINT
スイングできるライン上まで身体を運ぶ
フォア奥に追い込まれたときに心がけたいのは最後の一歩でラケットがシャトルに届くライン上まで身体を運ぶこと。

⑤ 内旋と回外→回内を使って鋭く振り切る

④ スイングできるライン上にシャトルを入れて

第2章
基本ストロークを押さえよう

POINT
スライドも使う
踏み込んだ右足が打てるラインに届かなかったときは足を滑らせてラインまで身体を運ぶのもひとつのテクニック。

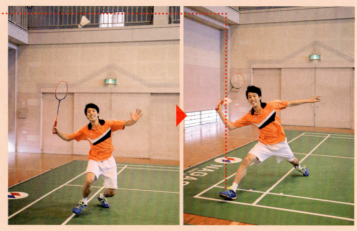

POINT
大きなサイドステップを使う
緊急時のステップは大股が基本。大きなサイドステップが必要になるケースが多いので、股関節の柔らかさが大切

③ 最後の一歩を大きく踏み込んで　② 大きなサイドステップで素早く移動　① フォア奥にシャトルが飛んだ状況

どこで、どんなショットを使うのか？

次章からは基本ショットのポイントと練習法を紹介していきます。その前に、それぞれのショットがどういう特性を持っているのか、どういう弾道を描くショットなのか、頭に入れておきましょう。

ハイクリア：相手コートの奥に高く、深く打ち込むショット。滞空時間が長い
ドリブンクリア：ハイクリアよりも低い弾道で打つ攻撃的なクリア
スマッシュ：高い角度から打ち込むもっとも攻撃力のあるショット
ドロップ：インパクトの瞬間に力を抜いてネット際へ落とすショット。クリアやスマッシュと組み合わせて使う
カット：ラケット面に角度を付けてシャトルをこするように打つショット。クリアやスマッシュと組み合わせて使う

ロブ：相手コートの奥に深く打ち込む守りとゆさぶりのショット。滞空時間が長いので立て直す時間を作るのに有効
ドライブ：床と平行に強く打ち出すスピードあるショット。ネットギリギリを通して相手を左右に振ると威力を発揮する
スマッシュ＆プッシュレシーブ：相手にスマッシュやプッシュを打たれたときのレシーブ。ロブにしたり、短く落としたり、ドライブで返したりして使う

ロブ：相手コートの奥に深く打ち込む守りとゆさぶりのショット。滞空時間が長いので立て直す時間を作るのに有効
ストップ：ネット際に短く落とすショット。相手の意表をつくことができれば一本で決まる
ショートドライブ：ネットの近くから床と平行に強く打ち出すスピードあるショット。ネットギリギリを通して相手の左右を抜いたりボディを狙ったりする
プッシュ：ネット際で浮いてきたシャトルを押し込む決め手のあるショット
ヘアピン：ネット際ギリギリに落とすショット。相手をネット前に引き出すときに使う

第2章 基本ストロークを押さえよう

リアコートで使うショット

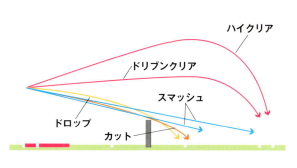

ハイクリア / ドリブンクリア / スマッシュ / ドロップ / カット

ミドルコートで使うショット

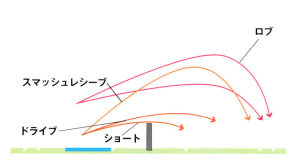

ロブ / スマッシュレシーブ / ドライブ / ショート

フロントコートで使うショット

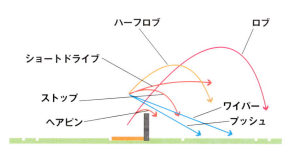

ハーフロブ / ロブ / ショートドライブ / ストップ / ワイパー / ヘアピン / プッシュ

第3章

基本ショットを押さえよう①

オーバーヘッド系ショットのバリエーション

この章からは、バドミントンで使う基本ショットのポイントを学んでいきます。まずはリアコートやミドルコートで打つ機会が多いオーバーヘッド系ショットです。練習法も併せてショットのポイントを押さえていきましょう。

ハイクリア
HIGH CLEAR

「高く」、「遠く」へ飛ばして時間を稼ごう

　ハイクリアは、オーバーヘッド系ショットの中で基本中の基本と言えるショットです。ハイクリアをバックバウンダリーラインとロングサービスラインの間に確率高く落とせるようになれば、かなり強い選手だと言えます。

　どんなに体勢が悪くなってもハイクリアで相手コートの奥深くへ返すことができれば簡単にポイントを失うことはありません。

また時間を稼ぐことができるショットなので、ポジションを回復することができ、次は攻撃に回ることも可能です。

　ハイクリアの大切なポイントは「高く」、「遠く」へ飛ばすことです。そのためにはシャトルに力を伝える身体の使い方が重要です。野球のピッチャーがボールを投げるときのように、右足（軸足）に乗せた体重を左足に移し、腰の回転を最大限に使いながら、「回内、回外」と「内旋、外旋」（14〜15ページ参照）を使ったスイングで打つようにしましょう。

① シャトルの落下点を予測しながら準備
② 肘を上げてラケットはこの位置に
③ 右足（軸足）で床をしっかり踏んで上体を安定させる

第3章
基本ショットを押さえよう①

ハイクリア

オーバーヘッド系のショットでもっとも高く打ち上げて滞空時間を稼ぐのがハイクリア。相手をリアコートに移動させている間に自分の体勢を立て直すことができる。攻撃力はないが、不利な状況を立て直すためには欠かすことができない守備のかなめとなるショット。このショットを応用することで、ドリブンクリア、カット、スマッシュなど、様々なショットが打てるようになる。

ハイクリアの狙い所

相手コートのバックバウンダリーラインとロングサービスラインの間が狙い目。相手が前に詰めているときに打つのも効果的

ここを チェック！ 垂直に落ちる球を打つ

ハイクリアは相手をコートの奥まで下げてその間に自分の時間を確保するのが目的のショット。高さを出せばシャトルは垂直に落ちてくるのでしっかりと打ち上げよう。ヒットするポイントは腕を伸ばした最高点が理想。スウィートスポットでとらえればシャトルを遠くまで飛ばすことができる

④ 右足を蹴ってスイングに入る

⑤ インパクトゾーンは身体のライン中に入れる

⑥ しっかりとラケットを振り切る

ハイクリアの練習法
HOW TO PRACTICE

　ここではリアコートからのクリア系ショットの練習法を紹介します。

　このページで紹介しているのはハイクリアの基本練習ですが、もちろんクリアだけでも様々な方法があります。

　選手のレベルや人数、練習時間などを加味しながら、自分たちのチームにあった練習法を探していきましょう。

ホームポジションに置いたイスにタッチしたら右奥にシャトルを出す ①

練習の目安時間
初中級者→10球3セット
中上級者→25球5セット

右奥のシャトルをハイクリアで返球 ②

V字のクリア
選手側のホームポジションにイスを置く。ノッカーが出す右奥、左奥のシャトルをハイクリアで返球。打ったらイスをタッチしてまたハイクリアの連続。選手は、つねにリアコートへの移動と、プレーイングセンターへの戻りを繰り返す。

　この練習で大切なのは、V字の動きと連動しながら早めにラケットの準備をすること。後方へ移動して打ったらホームポジションに素早く戻る動きを意識しよう。また、選手のレベルが上がってきたら、⑥のように、ノッカーを置かずに2対1で行う練習にもチャレンジしよう。

第3章
基本ショットを押さえよう①

すぐにホームポジションに戻りイスにタッチ

タッチしたらすぐに次のシャトルを出して

左奥のシャトルをハイクリアで返球

2対1で行う練習も効果的

ドリブンクリア
DRIVEN CLEAR

低く打ち出して相手を
コート奥に追い込もう

　ドリブンクリアとハイクリアはオーバーヘッドの動作としては同じショットです。違いはシャトルの軌道。ドリブンクリアはハイクリアより低く打ち出すのが特徴です。

　ドリブンクリアは低くてスピードのある攻撃的な打球で相手をコート奥に追い込み、苦しい体勢に追い込んで、低い打点で打たせるのが目的のショットです。

　攻撃的に使うドリブンクリアと守備に使うロビングの両方をうまく使える選手は「シングルスに強いプレイヤー」と言うことができます。2つのショットを戦術的に使えるようにしましょう。

　ドリブンクリアで大切なポイントは、上げる高さを間違えないことです。クロスに上げるときは、相手の頭上を確実に越す必要があるのである程度の高さが必要です。

　ストレートに打つときは低めの軌道でもOK。クロスに打つときと、ストレートに打つときで軌道に違いがあるということを頭に入れておきましょう。

① 相手のポジションとシャトルを見ながら準備
② 落下点に入り右足をしっかり踏んで上体を安定させたら
③ 肘を高い位置にキープしたまま

基本ショットを押さえよう①

ドリブンクリア

ハイクリアより低い軌道で、より攻撃的に相手の体勢を崩すことを目的に利用するのがドリブンクリア。ストレートのドリブンクリアはラインと平行にになるように打ち、サイドラインを割らないようにすることが重要。
また、クロスのドリブンクリアは相手の頭上を通過するため途中でタッチされることがないような高さ、深さで打つことが重要。

ドリブンクリアの狙い所

相手のポジションや動きを見ながら、コート奥のスペースにスピードのある打球を打ち込むのが狙い。相手が前に詰めているときに打つのがもっとも効果的

ここを チェック! ストレートとクロスの打ち出し角度

シャトルを打つ直前は、相手はスマッシュも警戒するので低く構えるのが普通。相手が低く構えているときがドリブンクリアを使うチャンス。距離が長い対角線のクロスと距離が短いストレートで打ち出しの角度を調整しよう

④ 身体のライン中に入れた状態でインパクト

⑤ 打ち出しの角度はハイクリアよりも低く

⑥ しっかりとラケットを振り切る

ドリブンクリアの練習法
HOW TO PRACTICE

これもリアコートからのクリア系ショットの練習法です。ここではドリブンクリアの練習法として紹介していますが、ハイクリアの練習にも応用可能です。

前のAがネットをタッチしたタイミングでシャトルを出す

AとBが前後をスイッチング

練習の目安時間
初中級者→3分
中上級者→5分

2対1のスイッチングクリア

選手2人がコート半面に入り、2人はノッカーの上げるシャトルを前後にポジションを入れ代えながらドリブンクリアでの返球を繰り返す。慣れてきたらコート全面を使ってもOK。また、⑥のように2対1で行なえば、1人のほうの守備力を鍛える練習にもなる。ここではドリブンクリアの練習としているが、もちろんハイクリアの練習にも応用できる。

第3章
基本ショットを押さえよう①

Aがドリブンクリアで処理

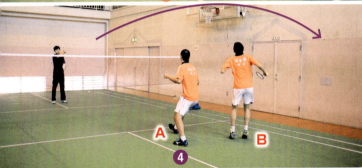

Bがネットをタッチしたら次のシャトルを出す

この動きを繰り返す

選手3人で行えば1人のほうの守備力を鍛える練習にもなる

スマッシュ
SMASH

身体のラインの中にシャトルを入れて振り切る

　スマッシュは高い打点でシャトルをとらえて、直線的に打ち出すショットです。スマッシュを成功させる最大のポイントは、下がりながら打つ準備を終えること。下がってからのスイング準備では遅すぎます。

　良いスマッシュを打つためには素早く打点に入る必要があります。「打点に入る」とは、言葉を替えれば「身体のラインにシャトルを入れる」ということです。写真③のラインよりも身体を後ろに運び、軸足を安定させて、打つ準備を完了させることが大切です。この準備姿勢はスマッシュだけでなく、クリアやカット、ドロップなど、オーバーヘッド系のショットを打つときに共通するものです。

　準備ができたら、できるだけ高い位置でシャトルをとらえることを心がけましょう。肘を高く上げたまま、右足に乗せた体重を左足に移動するタイミングでスイング開始。打点は前に置き、⑤のライン上でヒットすることを心がけましょう。

① 甘いクリアが飛んできたら　② 素早く下がって身体のラインにシャトルを入れる　③ 右足で身体を安定させたら

第3章 基本ショットを押さえよう①

スマッシュ

オーバーヘッド系のストロークでもっとも攻撃力があるのがスマッシュ。男子のトップ選手は初速が400キロを超える。高い打点から角度とコースを狙って突き刺すことができれば決まる確率が高くなる。大切なのはいかに打ち込む場面を作るかということ。ロブからのスマッシュ、クリアからのスマッシュ等、状況に応じた適切な判断で打てるようになろう。

スマッシュの狙い所

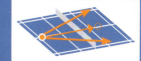

ストレートに打つときもクロスに打つときもサイドラインぎりぎりの所を狙うのが理想。センターに打つ場合は、相手のボディを狙うのが効果的

ここを チェック！ 打点は右肩の上

スマッシュと聞くと頭の上の高い打点で打たなければと誤解している人が多いが、腕をもっとも速く振れるのは右肩のライン上だ

④ 右足から左足に体重を移してスイング準備

⑤ インパクトは前めにとって

⑥ 回内を使ってしっかりと振り切る

ジャンピングスマッシュ
JUMPING SMASH

上体を捻った空中姿勢を心がけよう

リアコートからジャンピングスマッシュするときは、バレーボールでバックアタックするときと同様に、両足ジャンプで跳ぶのが基本です。両足ジャンプをしたほうが高く飛ぶことができ、脚への負担も軽減できるからです。

ジャンピングスマッシュを成功させるポイントは、打つときに身体が伸びきってしまわないことです。打点を予測しながらジャンプします。このときには空中で上体を捻った②のような姿勢を作らないと、打つときに身体が伸び切ってしまうので注意してください。

ジャンプするときは、真上ではなく後ろから前に飛ぶ意識を持つことが必要です。またジャンプした後だと体重移動は使えないので、身体の捻り戻しと、反り戻しを使う必要があります。④のようなラケットと腕の角度ができていれば、外旋、内旋と回外、回内を使った鋭いスイングが生まれます。

① 素早くシャトルの後方に準備して両足ジャンプ
② 身体を捻った空中姿勢を維持しながら
③ 身体の捻りと反りを戻しながらスイング開始

基本ショットを押さえよう①

ジャンピングスマッシュ

ジャンプしながらできるだけ高い打点でシャトルを叩くのがジャンピングスマッシュ。通常のスマッシュよりも角度もスピードもつくので決まる確率が高くなるが、テイクバックからインパクトまで空中でバランスをとる必要がある。選手のスキルに応じて通常のスマッシュとの使い分けが必要。

ジャンピングスマッシュの狙い所

狙い所は基本的にスマッシュと同じ。ただし、角度とスピードはスマッシュを上回るのでスマッシュより決まる確率は高い

ここを チェック！ 上体を捻った空中姿勢

鋭くラケットを振り切るためには、空中に跳んだときに上体を捻り、その捻り戻しを使うのがポイント。ジャンプしたときの胸の方向は横。インパクトで胸が正面を向いているかチェックしよう！

④ 外旋、内旋と回外、回内を使った鋭いスイングでインパクト

⑤ 左足、右足の順で着地して

⑥ 前へ身体を運べるような体勢を作る

カウンタースマッシュ（フォア奥）
COUNTER SMASH

ワンジャンプでシャトルに飛びつく

　フォア奥に飛んでくるシャトルに一瞬で飛びついて打つカウンタースマッシュは、打点を落とさずにワンジャンプでとらえることが重要です。そのためには右足で強く踏み切ることが必要不可欠。脚力が強くないとカウンターでとらえられる範囲は広げられません。

　フォア側のカウンタースマッシュを打つときは、身体を半身にしたままジャンプします。その際には③〜④のように体幹を安定させた空中姿勢で、バランスのとれた打球準備を保つことが必要です。ここでバランスが崩れてしまうと威力あるショットは打てないので注意しましょう。

　またカウンタースマッシュは、横に飛んで打つので、着地した後に身体が流れやすいショットと言えます。打った後は、着地足で衝撃を吸収し、身体が流れないようにしながら、すぐにホームポジションへ戻る意識を持ちましょう。

❻ 着地後は身体が流れないように注意　❺ 内旋と回内を強く使ってヒット　❹ 空中で上体を安定させて

第3章 基本ショットを押さえよう①

カウンタースマッシュ

相手のドリブンクリアなどに対し、後ろに下がらず素早いモーションで攻撃を仕掛けるのがカウンタースマッシュ。通常のスマッシュのように足を入れ替える時間的余裕はないので、ワンジャンプで打つ場合が多いのが特徴。フォア側、ラウンド側でコースを打ち分けられるようになるのが理想だ。

カウンタースマッシュの狙い所

フォア奥のシャトルをカンタースマッシュで打つときもストレートとクロスの2方向があるが狙い所はストレート。正確にラインぎりぎりに打てれば決まる確率は高い

ここを チェック! しっかりとした着地を!

カウンタースマッシュを打つときは、安定した空中姿勢と着地が次への対応を早める上で必要不可欠。着地足の右足で衝撃を吸収し、素早くポジションを戻すように意識しよう

❸ 半身のままサイドジャンプ　❷ 右足で床を強く蹴って　❶ フォア奥にシャトルがきたときは

カウンタースマッシュ（ラウンド）

COUNTER SMASH

ラウンドのカウンターで攻撃を継続する

　バック奥のシャトル（身体の左側）に対して回り込んでフォアで打つのがラウンド。バックで返球するより攻撃力が勝るので、ラウンドはバドミントンでは必要不可欠のテクニックと言えます。

　ラウンド側でカウンタースマッシュを打つ場合の踏み切り足は左足になりますが、このときに大切なのは空中で体幹が安定していること。ジャンプしたときに③のようなバランスのとれた体勢ができていればうまく打つことができます。

　ジャンプして打つショットは余分なことはできません。空中でできるのはラケットを振り下ろす動作だけ。それだけに正確な準備が大切になるのです。

　カウンタースマッシュは相手の球を遮るショットです。最大の目的は相手が構える前に叩き込むこと。攻めの気持ちを持って「こういう球がきたら飛ぼう」とつねにイメージしながらプレイすることが、成功させるための最大のポイントです。

① バック奥にシャトルがきたら
② 左足で踏み切って
③ 体幹を安定させた空中姿勢を作る

第3章
基本ショットを押さえよう①

> **ここをチェック！ 左足で跳んで左足で着地**
>
> ラウンド側に跳ぶときは、蹴り足も着地足も左足。つまりラウンド側のカウンタースマッシュでは左足の脚力が必要不可欠ということ。またサイドに流れて打つショットなので着地後にバランスを崩しやすい。左足でしっかりと着地し、そのまま床を蹴ってホームポジションへ身体を戻すようにしよう

❹ このラインでインパクト　　❺ 回外を効かせたフィニッシュ　　❻ 左足でしっかりと着地する

スマッシュの練習法
HOW TO PRACTICE

スマッシュの練習方法も様々なものがあります。ここでは2種類の基本練習を紹介します。対人で練習するときは、打つ側（スマッシュ）だけでなく、受ける側（レシーブ）も実戦を想定した配球を心がけましょう。

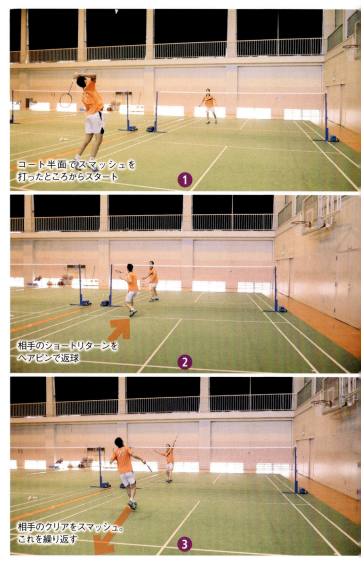

① コート半面でスマッシュを打ったところからスタート

② 相手のショートリターンをヘアピンで返球

③ 相手のクリアをスマッシュ。これを繰り返す

練習の目安時間
初中級者→3分
中上級者→5分

1対1のスマッシュ対レシーブ

スマッシュ→ショートリターン→ヘアピン→ロブ→スマッシュの約束事で行う。リアコートでのスマッシュ後はすぐにショートリターンがあるので最短距離でフロントコートに移動する。また、このドリルの応用として、スマッシュ→ロングリターン→クリア→ロブ→スマッシュの約束事で行うパターンもある。

第3章 基本ショットを押さえよう①

練習の目安時間
初中級者→5〜10分
中上級者→10〜20分

2対1でコートに入る

フロントコートではロブ（ヘアピンも可）で返球。次のコートカバーのことを考えながらミスなく続ける

リアコートではスマッシュ（カットなども可）で攻める

2対1のスマッシュ対レシーブ

1人のほうはリアコートからはスマッシュ。フロントコートからはヘアピン、ロブを自由に使い分け、より実戦に近い形で行う。1人のほうは練習強度が強くなるが、つねにプレーイングセンターを心がけて、ミスしないように粘り強くラリーを続けるのがポイント。

ドロップ
DROP

クリアやスマッシュと組み合わせて戦術的に戦う

　ドロップを効果的なショットとする一つ目の鍵は、いかにクリアやスマッシュと同様のフォームで打てるかです。相手の意識がクリアやスマッシュに向いていれば、一歩目を遅らせることができ、ドロップがフェイントのように利いてきます。打つ瞬間までドロップと悟られないようにすることがポイントです。

　二つ目は、球足が長くならないようにすることです。相手をネット前に引き出して崩すためには、最低でもショートサービスラインの手前を目標に打てるようにしましょう。理想はネットを越えた所ギリギリに落とすことです。

　ドロップは、やわらかくて繊細なタッチが求められるショットです。インパクトでの力加減や、シャトルへの面の当て方、コンパクトなフォロースルー等は数多く練習して身につけるしかありません。繰り返し練習して繊細なタッチと距離感を覚えましょう。

❹ クリアやスマッシュと同じフォームでスイング

❺ 体幹を緩めずに柔らかくインパクト

❻ フォロースルーはコンパクトに

第3章
基本ショットを押さえよう①

ドロップ

クリアやスマッシュと同様にオーバーヘッドでコート奥からネット際に短く落とすショットがドロップ。シャトルへの入り方や打球準備はクリアやスマッシュと同じにして、打つ瞬間に身体の回転を止め、ネットの白帯上ぎりぎりに落とすのが理想。

ドロップの狙い所

ドロップは深くに打つと見せかけてコートの手前に落とすショット。ストレートに打ってネットぎりぎりに落とすのが狙い目

ここを チェック！ 他のショットと同じフォームで打つ

シャトルを打つ直前のタイミングではクリア、カット、ドロップのどのショットも打てるようにする。同じフォームにしながら肘から先の動きだけでショートサービスラインの手前に落とすのが理想

❸ 身体の軸をしっかり作ったまま　　❷ しっかりシャトルを飛ばせるフォームで　　❶ シャトルの落下地点に素早く入る

ドロップの練習法
HOW TO PRACTICE

ドロップやカットなどの短く落とすショットは、相手のポジションや動き（読み）を判断して瞬時に打ち分けるショットです。これらのショットをうまく使うための練習法を紹介します。

まずはドロップの練習ですが、すべてのショットを短く打つので、これらの練習法は一般的に「オールショート」と呼びます。打つときには、スマッシュやクリアと同じような体勢で相手にショットを予測されないように心がけましょう。

練習の目安時間
初中級者→3分
中上級者→5分

2対1でコートに入る ①

フォア奥でドロップを打ったら ②

ドロップの基本練習（オールショート）

2対1でコートに入り、2人側はフォア奥とバック奥を狙ってロブを上げ続ける。1人側はドロップを打ったらかならずホームポジションに戻り、リアコートの深いシャトルをストレートドロップ、クロスドロップを打ち分けてラリーを続ける。

第3章
基本ショットを押さえよう①

ポジションを上げる

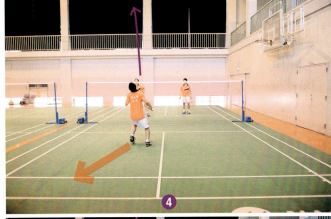

バック奥に上がったロブを

ドロップで返球。これを繰り返す

カット
CUT

シャトルのサイドにラケット面を入れて短く切り落とす

　スマッシュ、クリアと同じ構えから、ラケットの面に角度をつけてシャトルを切りながら打つのがカットです。打つときの目安としては、シャトルの右側3分の1にラケットの面を斜めにして擦るように打ちます。ラケットを振り切るスピードと比べ、打ち出されたシャトルは遅いため、フェイントにもなります。また、フラットに当てたときと比べると、ミスのリスクも高くなるので、切り過ぎとシャトルの距離感に注意しましょう。

　またシャトルの左側を切るリバースカットのテクニックもあります。切るときの目安はシャトルの左側3分の1。リバースカットは、面の出し方が難しいので打つ瞬間に意識的に面をシャトルの左側に合わせることが重要です。カットもリバースカットもできるだけ動きを伴った反復練習でマスターしていきましょう。

カット

① 相手にショットを見破られないように準備して
② スイング
③ シャトルの右にラケット面を入れて
④ クロス方向へ
⑤ 短く落とす

リバースカット
REVERSE CUT

カットとリバースカット

ドロップと同じようにコート奥からクリアやスマッシュを打つように見せかけてシャトルを切って短く落とすテクニックがカット。シャトルを右側に切る「カット」だけでなく、左側に切る「リバースカット」の2つのテクニックをマスターすれば完璧。

カットの狙い所

コートの右奥からはクロスに短く、コートの左奥からは逆クロスに短く。右の写真のように同じ場所に落とせるようにするのが理想

ここを チェック！

カットを打つときはシャトルの右3分の1にラケット面を入れるイメージで打つ。軌道とシャトルの回転はこうなる

リバースカットを打つときはシャトルの左3分の1にラケット面を入れるイメージで打つ。軌道とシャトルの回転はこうなる

リバースカット

5 逆クロスに短く落とす　4 回内を強く使うと面を出しやすい　3 シャトルの左にラケット面を入れる　2 スイング　1 ラウンドで

「カット+リバースカット」を使って戦略的に戦おう
CUT&REVERSE CUT

バドミントンはとても戦術的なゲームです。ショットを使い分けて、相手を動かし、相手コートに隙を作り、そこにトドメを刺す……こういった戦い方ができる選手が本当に強い選手と言えます。戦術的な戦い方をするためには、そのツールとなるショットにバリエーションを持たせることが重要です。つまり、一つショットが増えれば、より戦術的な戦い方ができるということです。

①～②を見て下さい。フォア奥でこの状況になることは少なくないと思います。あなたはこの状況でどういうショットを選択しますか？ もちろんクリアもあります。スマッシュも打てるでしょう。ストレートに短くドロップという選択もあります。ここで選手が選択したのは②のインパクトでわかるように相手のフォア前に落とすカットです。このショットを選択できるということは、カットのテクニックに自信を持っているということ。リアコートのプレイを想定していた相手は、このカットを見せられたことでリアだけでなく左前も警戒しなくてはならなくなります。使えるショットが一つ増えるだけで相手を大きく動かすことができるのです。

③～④はバック奥からリバースカットで右前に落とした状況です。相手が読んでいるのはクリアやストレートへの打球でしょう。リバースカットのテクニックを身につければ、

フォア奥から　①

カットで相手を右前に動かす　②

基本ショットを押さえよう①

相手はリアコートに加えて、左前、右前への警戒が必要になります。つまり相手コートを広く使えるということです。

　たしかにラウンドからのリバースカットは簡単なショットではありません。実戦で使う場面も少ないので、それほど練習する時間も多くないでしょう。しかし、それを「持っている」か「持っていないか」があるレベルに達すると大きな差となってしまうのです。もちろん得意なショットを磨くことは大切です。そして、それと同じように、ひとつ上のテクニックを練習でマスターすることも大切なのです。

センターから打てば①のような狙い所になるが、フォア奥から打てば②のような狙い所になる。いずれにしてもネット前に落とすのが理想

カットを使った戦い方

③ バック奥から

④ リバースカットで相手を左前に動かす

カットの練習法
HOW TO PRACTICE

ここで紹介しているカットの練習法も72〜73ページで紹介しているドロップと同様に「オールショート」で行う練習法です。

短く落とすカットやドロップでは、ストレートとクロスを打ち分けるテクニックが重要です。相手のポジションや動きを見ながら、もっとも効果のあるコースに打つようにしましょう。2対1で行う練習でも、設定を変える（スマッシュやクリアもあり）ことで、より実戦に近い形の練習に移行することも可能です。

① フォア奥からカット

② 左前の短い返球を

練習の目安時間
初中級者→3分〜5分
中上級者→5分〜10分

カットの基本練習（オールショート）
フォア奥から打ったクロスカットを相手はネット前に返球。ヘアピンで一本つないで、次に上がってきたバック奥のロブをリバースカットで短く落とす。ここではクロスカットを使っているが、ストレートカットも使って、より実戦的なパターンでラリーを続けてもOK。

第3章
基本ショットを押さえよう①

③ ヘアピンで一本つなぐ

④ バック奥に上がったロブを

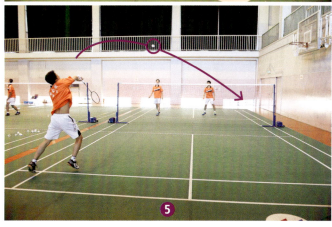

⑤ リバースカットで短く落とす

ハイバック
HIGH BACK

守りに強くなるために必要不可欠なショット

　バック奥に打たれたシャトルをラウンドで打てないケースでは、ハイバックでの対応が必要になります。非常時の手段として認識されがちなハイバックですが、深くに返すクリア、短く落とすカットやドロップをコートの四隅に打ち分けることで、攻撃に結びつけることができます。

　相手に背を向け後方に向かって移動して、身体のラインより後方でとらえるのがハイバックのポイント。③〜⑤のように相手に背を向けたまま打つショットなので、打球の方向感覚をつかみにくいという難点はありますが、練習を繰り返せばすぐに慣れてくるはずです。

　テクニックとしては、ハイバックをイースタングリップのまま打つと、面が外側を向いてしまう傾向があるので、少しウエスタングリップ気味に握り変える必要があります。また、ラケットヘッドを加速させ、フラットにシャトルをとらえるのも重要なポイントです。打つコツをつかんだらクリア、カット等のショットをストレート、クロスに打ち分けられるようにしましょう。これらのショットをマスターすればバック奥に追い込まれても怖くありません。

❶ バック奥でラウンドで打てない状況

❷ 素早く下がってクリアを選択

❸ 身体のラインよりもシャトルを前に入れて

第3章
基本ショットを押さえよう①

ハイバック

バック奥に打ち込まれラウンドで対応できないときに使うのがハイバック。バック側で背中越しに打つので難しそうに思えるがポイントを押さえればマスターできるショット。クリア、カットを中心にコートの四隅に打ち分けられるようになれば攻撃に結びつけることができる。

ハイバックの狙い所

守備的に使うときはリアコート深くに打つのが基本だが、攻撃的に使うときは、ハイバックでネット際に落とすドロップやカットが効果的

ここを チェック！ ウエスタンへの握り替えが必要

ハイバックをイースタンで処理するとフラットの面が作れずクロス方向にシャトルが出てしまう。ハイバックに限ってはウエスタン気味の握り替えが必須で、通常のバックハンドよりもサムアップを強く意識するようにしよう！

イースタン＝面が斜め

ウエスタン＝フラットの面

④ 肘を高い位置にキープしたまま

⑤ ウエスタン気味の握りでフラット気味にインパクト

⑥ 前腕の回内→回外を強く使えているとこのフィニッシュになる

ハイバックの練習法
HOW TO PRACTICE

ラウンドで打てないときに必須のテクニックとなるのがハイバックです。基本練習ではコート半面を使ってストレートへ返球する練習を中心に。応用練習ではコート全面を使ってストレートとクロスの打ち分けをしっかりと行うようにしましょう。

コート半面で左奥に上がったロブを ①

ハイバックでストレートに返球 ②

練習の目安時間
初中級者→3〜5分
中上級者→5〜10分

ハイバックの基本練習

まず最初のステップは、コートの左半面に1対1で入り、バック奥のロブに対して半身の体勢で移動。ハイバックでストレートに返球したら、すぐにポジションを上げてネット前に。再びバック奥のロブをストレートに。これをミスなく繰り返す。応用練習は、コートの全面に1対1で入り、ハイバックからストレートとクロスを打ち分ける。レベルが高い選手なら、ただクリアするだけでなくカットとの併用でより実戦に近い形にする。

第3章
基本ショットを押さえよう①

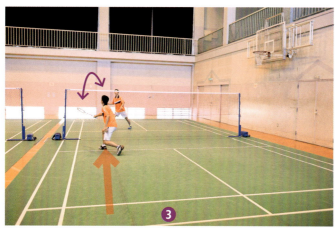

短い球を一本でつないで

相手が上げてきたロブを半身の体勢で追ってストレート返球。これを繰り返す

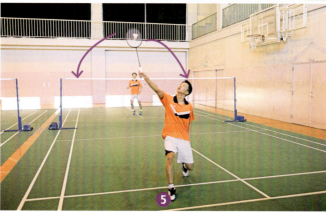

応用練習はコート全面を使ってハイバックでストレートとクロスを打ち分ける

第4章

基本ショットを押さえよう②

サイド／アンダー系ショットのバリエーション

ここからは、フロントコート、ミドルコートで使う基本ショットを学んでいきます。肩から腰の高さで打つサイドストロークと腰より低い打点で打つアンダーストロークは、実戦で使用機会が多いショットです。しっかりとポイントを押さえていきましょう。

ドライブ(フォア)
FORE-HAND DRIVE

肘から先の機械的な スイングを意識する

　主にミドルコートから相手の両サイドやボディを狙って攻撃的に打つのがドライブです。ドライブを打つときは、ネットと平行の飛行ラインで打つことを基本に、球を浮かせないように、できるだけ打点を前方にとるのも大切なポイントです。また、一本で決まるショットではないので連続性を意識し、フォロースルーをコンパクトにして、すぐに次の打球に備えるようにしましょう。

　フォアも、バックも共通ですが、ドライブは足を踏み出しつつ打つショットです。高い打点で強くシャトルをとらえることができれば、上から沈めることができるので有利に戦えます。ネットよりも低い打点で打つときは緩く沈めるという選択もありますが、この場合もネットぎりぎりを狙って、少しでも沈めていく意識を持つことが大切です。

　フォアのドライブがうまい選手は肘から先の回内→回外の動作だけで機械的に返せるタイプです。手首のスナップが効いたコンパクトなスイングでシャトルを飛ばせるようになれば、ダブルスの速い展開にも十分対応できます。

❶ リストスタンドして準備

❷ 右足を踏み出しつつ 小さくテイクバック

❸ 身体のラインより前の打点で

第4章
基本ショットを押さえよう②

フォアハンドドライブ

身体の横、右側でネットギリギリにスピードある球を打つのがフォアハンドドライブ。とくにダブルスでは攻撃にも守備にも使えて応用範囲の広いショットと言える。スピードを出すためには、肘から先の回外→回内と手首のスナップを効率的に使うのがポイント。

ドライブの狙い所

両サイドの空いたスペースを狙って打つのが基本。また、相手のボディを狙うのも効果的。ダブルスではサイドバイサイドの陣形をとる2人の間が狙い目

ここを チェック！ 肘から先のコンパクトなスイングで打つ

ドライブは肩を使わずに肘から先を使うショット。回内（テイクバック）→回外（インパクト）を使うことで鋭くラケットを振ることができる。またこのスイングを機械的に使えるようになればショットは安定する

④ シャトルを上から押さえつけるイメージで

⑤ 床と平行に打ち出す

87

ドライブ（バック）
BACK-HAND DRIVE

回内→回外を積極的に使ってスイングする

　ダブルスではドライブの打ち合いになる場面も多く、フォアとバックの切り替えがとても大事になります。バックのドライブもフォア同様にリストスタンドした状態でテイクバックし、身体の前に打点を置くのが基本。バックの場合はサムアップして、肘から先の回内→回外を積極的に使い、シャトルを押し出すようなイメージで打つのがポイントです。

　テイクバックを完了したときは②〜③のように相手にグリップエンドが見えた形になっているはずです。グリップエンドが見えているということは回外の準備ができているということ。インパクトでは④のような手首とラケットが作る角度をつねにイメージして下さい。

　ドライブはコートポジションとしてはミドルがいちばん使う機会が多いショットですが、トップアンドバックのダブルスなら前衛が抜かれたようなときにリアから打つ場面も多くあります。コンパクトなスイングでもシャトルを速く飛ばすことができるように練習しましょう。

❺ 鋭くラケットヘッドを回して押し出す

❹ 肘を支点としたスイングで

基本ショットを押さえよう②

バックハンドドライブ

身体の横、左側でネットぎりぎりにスピードある球を打つのがバックハンドドライブ。リストスタンドとサムアップが必須のテクニック。スピードを出すためには、高い位置にキープした肘を支点に回内→回外を積極的に使って打つのがポイント。

ドライブの狙い所

ここを チェック! 肘を支点としたスイングを心がける

テイクバックしたときは肘が高いポジションにあって、グリップエンドが相手のほうを向いているかチェック。回内→回外をうまく使えていればフィニッシュでは打球面は床に向いているはず

❸ 前方の打点となるよう意識して

❷ グリップエンドが相手に見える状態までテイクバック

❶ シャトルが身体の左側にきたら

ドライブの練習法
HOW TO PRACTICE

　素早い反応が必要なドライブは、動きを入れた中で練習するのが効果的です。2対1で練習を行う場合、受け手側を1人にすれば、シングルスの練習になるし、受け手側を2人にして、2人が交互にローテーションを行うと、ダブルスの練習になります。

練習の目安時間
初中級者→3分
中上級者→5分

2対1の
ローテーションドライブ

コート半面に2対1で入り、2人のほうはかならずストレートに返す設定で行う。コートの右半面で右回りのローテーションで行えば、フォアハンドドライブの練習になり、コートの左半分で左回りのローテーションで行えばバックハンドドライブの練習になる。また、1人のほうはしぶとくつなぐことで受けの練習になり、2人のほうはローテーションを身につけることでダブルスの練習になる。

フォアサイド
フォアサイドでストレートに
①

打ち終わったら左に回る
②

ポジションを入れ替えて
③

ストレートへ
④

第4章 基本ショットを押さえよう❷

バックサイド

① バックサイドでストレートへ

② フォアサイドと同じように行う

練習の目安時間
初中級者→5分
中上級者→10分

③ バックサイドでストレートへ

フリードライブ

④ フォアサイドと同じように行う

バックサイドでも同様の練習を行えば、バックハンドドライブで対応したときのローテーションがマスターできる

プッシュ（フォア）
FORE-HAND PUSH

鋭い踏み込みを意識して高い打点で叩く

　プッシュは、ネット前に浮いてきた球を相手コートに突き刺すとどめのショットです。プッシュをしっかり使うことでラリーを切ることができます。

　プッシュはネットよりも高いところで打つショットですが、ネットに近すぎてしまうとタッチ・ザ・ネットの反則もあるので、足を踏み込みむときは、ネット前にラケットを振るスペースを確保する必要があります。大切なのはヒットするポジションよりもヒットする高さ。できるだけ高い打点でシャトルをとらえるようにしましょう。

　フォアハンドプッシュは、右足を踏み込むタイミングに同調してラケットを振り出しますが、ここでポイントとなるのは、リストスタンドしてラケットを立てた準備の形ができていること。振り出す直前はラギングバッグ（右参照）を使うのもポイントです。

① 相手の球が甘く浮いてきたら
② リストスタンドしてラケットを立てて
③ 身体ごとぶつけていくイメージで右足を踏み込む

基本ショットを押さえよう②

フォアハンドプッシュ

相手のドライブやヘアピンなどが甘くなったときにすかさず飛び込んで相手コートに叩きこむのがプッシュ。ラケットの振りをできるだけコンパクトにネットの近くから角度をつけるのがポイント。そのために必要なのがネット前に走り込むフットワークとなる。

プッシュの狙い所

両サイドの空いたスペースに打つのが基本。相手のボディを狙うときはもっとも返球しづらい利き腕側が狙い目

ここを チェック！ ラギングバッグ

スイングする直前に打球方向（前方）とは逆の方向（後方）に一瞬手首を背屈させること。このプレストレッチ運動を使うことでムチのように腕を振ることができる。

④ 打つ直前でラギングバックしてできるだけ高い打点で

⑤ コースを狙って叩き込む

プッシュ（バック）
BACK-HAND PUSH

プレイ頻度が高い割に ミスが出やすいショット

　バックハンドで強いプッシュを打つのは意外に難しいテクニックです。難しい理由は、フォアよりも力が入りにくい上に、バックで上から下に打ち込む経験が少ないからです。しかし実際の試合では、フォアよりもバックでプッシュするケースが多いと思います。理由は正面の球もバックで対応するのが自然だからです。実戦に強くなるためには、バックハンドのプッシュ練習は欠かすことができません。

　バックの場合も、準備の構え（リストスタンド＋サムアップ）と足の大きな踏み込みはフォア同様に大切な要素です。バックはフォアと比べると自由度がないので、動作を単純にしてシンプルにし、手打ちにならないようにラケットを振り切ることを心がけましょう。またプッシュを返されてしまうと、後方に大きなスペースがあるので逆転を許してしまいます。プッシュで打てるチャンスが訪れたら「一本で決める」という気持ちを持つことが大事です。

❶ バックにきたらサムアップして
❷ ラケットを立てた状態でテイクバック
❸ 身体ごと大きく右足を踏み込みんで

基本ショットを押さえよう❷

バックハンドプッシュ

相手のショットがバック側に甘くきたときにネットに詰めて叩き込むのがバックハンドプッシュ。バックハンドの場合はフォアハンドより力が入りづらいので、肘を高い位置にキープしたまま、手打ちにならないように飛び込むのがポイント。

プッシュの狙い所

ここを チェック! 肘を高い位置にキープ

高い位置にラケットを用意するためには、肘を高いポジションにキープするのがポイント。準備ができたら無駄なことはせずにシンプルにラケットを上から下に振り下ろす。フォローでは面が床を向いているかチェックしよう！

❹ できるだけ高い打点でヒット

❺ そのまましっかりと振り切る

プッシュの練習法
HOW TO PRACTICE

練習は対象者のレベルによって内容を変えることが必要です。ここで紹介しているのはプッシュの動きを身につける練習ですが、基礎的なノック練習と1対2で行う応用練習の2つを紹介しておきます。段階を踏みながら、決め手のあるプッシュを身につけていきましょう。

フォアに出したら打ち終えたタイミングで

①

バック側に球出し

②

バックで打ったらすぐにフォア側に移動する

③

練習の目安時間
初中級者→20秒×5セット
中上級者→30秒×10セット

ノックで行う基本練習

ノッカーが出すシャトルをフォア、バックに動きながら連続してプッシュで打つ。慣れてきたらフォア、バック交互ではなく、アトランダムに出すのも効果的。インパクト前、インパクト後に、すぐに次の準備をすることが大切。

基本ショットを押さえよう❷

1対2で行う応用練習

1人のほうがプッシュ、2人のほうはレシーブ限定。打ったらかならずレシーブが返ってくる状況を想定した練習。プッシュを打つ側はポイントする気でコースを打ち分け、レシーブ側は相手がプッシュを連続して打てるところに返すことを心がける。

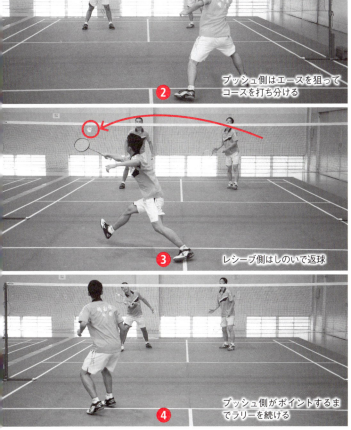

❶ 1（プッシュ）対2（レシーブ）に分かれて

❷ プッシュ側はエースを狙ってコースを打ち分ける

❸ レシーブ側はしのいで返球

❹ プッシュ側がポイントするまでラリーを続ける

練習の目安時間

初中級者→20秒×5セット
中上級者→30秒×10セット

フォアハンドロブ
FORE-HAND LOB

ゲームを作る大切なショット

バドミントンにおいてロブはゲームを作る上で重要なショットです。一般的には深くに上げてディフェンスで使うイメージですが、ロブを攻撃的に使えるようになると戦術的な戦い方ができるようになります。「ロブがうまい選手はシングルスに強い」と言われるのは、攻守両面で戦術的な使い方ができるからです。

ロブは基本的にフロントに短く落とされた球を相手のリアコートに送り込むショットです。ディフェンスで使う場合は「高く・深く」、オフェンスで使う場合は相手に取られない「ぎりぎりの高さ」に上げるのが基本。打ち上げる高さを自在に調整できることが大切です。

フォアハンドでロブを上げるときにポイントとなるのは、ネット前へのフットワークです。下半身が安定していないと正確なショットは上げられません。シャトルの落下地点に右足を出しながらタイミングをずらし、ぎりぎりまで相手にロブかヘアピンかを読ませないのが理想です。

❶ フロントに短い球がきたら

❷ 素早くポジションを上げ

❸ 右足を踏み込んでランジの体勢を作る

基本ショットを押さえよう②

ロブ

ネット前に短く落ちたシャトルをアンダーハンドで遠くへ飛ばすショット。緊急事態を回避するために守備的に上げるロブもあるが、攻撃的に相手の頭上ギリギリを狙うロブの選択もあり。ヘアピンと併用することで立体的な攻めが考えられる。

リアコートの深いスペースに打つのが基本。フォアでもバックでもストレートとクロスに打ち分けられるように

ここを チェック！ 相手に面を見せて打点に入る

ネット前のシャトルをアンダーストロークで処理するときは、打つ直前まで相手にショットを読まれないことが大切。打球前は相手に面を見せて、ヘアピンかロブかわからないようにしよう！

❹ 相手に面を見せながら　　　　　❺ 高さを意識しながら打ち上げる

バックハンドロブ
BACK-HAND LOB

**コンパクトなスイングで
シャトルを飛ばせるように**

　ロブはヘアピンと「対」のショットという意識を持ってプレイすることが重要です。実際③〜④の高さの球ならヘアピンとの併用が可能です。相手をリアコートに押し戻すロブ。相手をネット前に走らせるヘアピン。この2つのショットの使い分けがうまくできれば、アンダーから打つショットでも攻撃的な戦いができます。

　バックハンドでロブを上げるときのポイントは、小さなテイクバックで、シャトルを遠くまで飛ばせるかどうかということです。飛ばすためには、腕全体でスイングするのではなく、前腕の回内→回外と手首の背屈動作を使って、肘から先で鋭くスイングすることが大切です。

　相手にショットを見破られないためには、③〜④のように面を見せながらシャトルに入るのはフォアと同様です。コート奥まで飛ばすためには、インパクト後に⑤のような高い位置までラケットをしっかり振り上げましょう。

❺ 回外→回内を鋭く使って打ち上げる　　❹ 相手に面を見せながら

第4章 基本ショットを押さえよう❷

ここを チェック! **かかとから着地する**

前に走ってロブを上げるときは上体がまっすぐになっていることが重要。そのためにはかかとから着地したランジ姿勢を取り、上体を安定させてからスイングに入るようにしよう!

❸ ランジの体勢を作る　　❷ 右足を踏み込んで　　❶ フロントに短い球がきたら

ロブの練習法
HOW TO PRACTICE

　ロブの練習もレベルに合わせたり、強度を上げたり、段階的に行うのが効果的です。ノックによる基本練習と1対1で行う2種類の応用練習を紹介します。ぜひ普段の練習に取り入れてください。

ノックによる基本練習

手投げで短く落とすシャトルをフォア前（コートの右半分）、バック前（コートの左半分）で取ってロブを上げる反復練習。ロブはストレート、クロスの両方に打ち分ける。

コートの右側で ①

フォア前の球出しをロブで返球 ②

コートの左側で ③

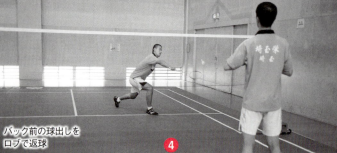
バック前の球出しをロブで返球 ④

練習の目安時間

初中級者→10本×3セット
中上級者→10本×5セット

第4章 基本ショットを押さえよう❷

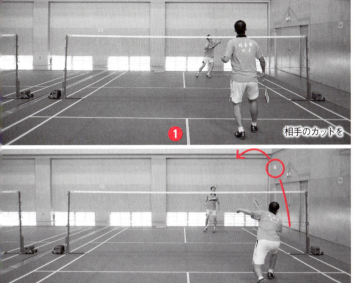

① 相手のカットを
② ロブで深く返球

1対1の応用練習
（守備的なロブ）

1対1で相手のカットをロブで連続返球。ここではコートの右半面で行っているが、慣れてきたらコート全面を使って行う。その際はストレートに上げるときと、クロスに上げるときの距離の違いを意識するように。

練習の目安時間
初中級者→3〜5分
中上級者→5〜10分

① カットに対しヘアピンで返球
② 相手の頭上に攻撃的なロブを上げる

1対1の応用練習
（攻撃的なロブ）

相手のカットに対し、一本ヘアピンを入れて、相手をネット前に走らせて、次は攻撃的なロブで相手の頭上ぎりぎりを狙う。ここではコートの左半面で行っているが、慣れてきたらコート全面を使って行う。

練習の目安時間
初中級者→3〜5分
中上級者→5〜10分

103

レシーブ
RECEIVE

正確な受けの面を作ることが大切

相手の強打をレシーブするときは、基本的に時間がないので、ロングリターン、ドライブリターンを中心に考えながら待ち受けることが大切です。

フォアのレシーブは、左足を蹴って身体をシャトルのほうに移動させます。速い球を受けるときのポイントは面が安定していることです。面さえできていれば、体勢が崩れていても返球することが可能です。面を安定させるためには②〜③のように「壁」を作るイメージを持つのがポイントです。

バックのレシーブは、身体に近いときは1ステップ、遠いときは2ステップでシャトルに移動します。「近い球のときは1ステップ、遠い球のときは2ステップ」と頭に入れておきましょう。

プッシュレシーブのポイントは、フォア、バックともに身体のラインの前でシャトルをとらえることです。下半身を低く、膝前の打点で受けることをつねに意識しましょう。

フォア

④ 小さなフォローでシャトルを飛ばす
③ ラケット面で壁を作るイメージで
② 左足で床を蹴ってランジの体勢で身体を安定させる
① 体勢を低くしたレシーブの構えから

基本ショットを押さえよう❷

プッシュレシーブ

相手のプッシュやスマッシュを跳ね返すのがレシーブ。素早い対応が必要になるので、前傾姿勢で構え、フォアでもバックでも強打にタイミングを合わせるのがポイント。

レシーブの狙い所

リアコートの深いスペースに返球するのが基本。ショートリターンを使えれば攻守を逆転することも可能

ここを チェック!

膝前の打点で処理

壁のように受けの面を作ったら、膝前の打点でヒット。大きなスイングはできないので、それでもコート奥まで飛ばせるように普段から練習しておこう

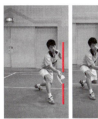

身体から遠いときは?

コートの左側からバック側に振られたときは1ステップでは届かないので、2ステップ入れて、クローズドスタンスで返球する

バック

① 左側に速い球がきたら
② 右足で蹴って左足を踏み込んで
③ ランジの体勢で身体を安定させ
④ 身体のラインより前でヒット

レシーブ
RECEIVE

ボディはバック待ちで構える

　前ページでは、左右に強打されたときのレシーブを紹介しましたが、プッシュやスマッシュを打ってくる相手は、処理が難しいボディを狙ってくることがよくあります。身体の正面を突かれたときのレシーブは普段から練習しておく必要があります。

　相手が強打してくるときのレシーブは、フォア3〜4割、バック6〜7割くらいの守備範囲をイメージすることが重要です。

　レシーブがうまい選手は、たいていバック待ちで構えているものです。

　この理由は、正面の球はバックのほうが楽に返せるからです。フォアは自分の身体がスイングの邪魔になってしまいますが、バックなら身体の前でさばくことができます。バックで打つときはサムアップするのが基本ですが、レシーブのときはその時間がないときもあります。イースタングリップのままでも打ち返せるように練習しておきましょう。

① 相手にボディを狙われたとき

② 左腰のラインは

③ バックハンドで

第4章 基本ショットを押さえよう❷

ボディレシーブ

相手のプッシュやスマッシュで身体の正面を狙われたときのレシーブ。ボディを狙われたときは、バックハンドのほうが守備範囲が広い

ボディレシーブの狙い所

ここを チェック! バックの守備範囲

イースタングリップで構えているときのバックハンドの守備範囲。バックのほうがラケットの可動範囲が広いので「バック待ち」が基本となる

❶ 相手にボディを狙われたときは　❷ 右腰のラインでも　❸ バックハンドで

レシーブの練習法
HOW TO PRACTICE

受けに強くなるためには、とにかく数多くスマッシュやプッシュを受ける練習を繰り返すことです。レシーブの練習方法には様々なものがありますが、ここでは基本的な2種類の練習法を紹介しておきます。

1対1でコートに入る ①

相手のプッシュを ②

ひたすらレシーブ。何本でも取れるようにする ③

練習の目安時間
初中級者→3分
中上級者→5分

1対1のプッシュ対レシーブ

1対1でコートに入り、片方はプッシュ、片方はレシーブをドライブにして連続で行う練習。ここではコート全面で行っているが、コートの半面で行えばもっと下のレベルにも対応できる。また、レシーブで、ロングリターンとショートリターンもOKにすれば、より実戦的な練習となる。

第4章
基本ショットを押さえよう❷

1対2のレシーブ練習

1対2でコートに入り、コート全面で、相手のスマッシュやカット、ドロップを連続でレシーブする練習。
2人側の打つ方向を限定しておけば（写真はストレートのみ）、打ってくる方向がわかっているので、長くラリーを続けることができる。

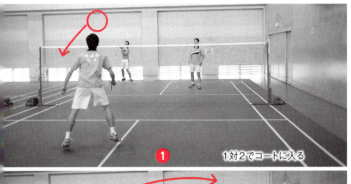

❶ 1対2でコートに入る

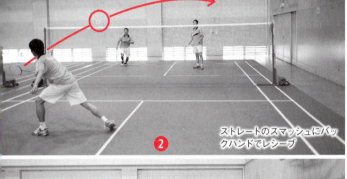

❷ ストレートのスマッシュにバックハンドでレシーブ

❸ ストレートのカットにロブで対応

❹ 上げたらすぐにレシーブの準備

練習の目安時間

初中級者→3分
中上級者→5分

ヘアピン（フォア）
FORE-HAND HAIRPIN

ネットを制する者が
ゲームを制する

　ヘアピンは、ドロップやカットでネット近くに落とされたシャトルを、前に移動しながら相手のネット際に落とすショットです。スピードは必要としませんが、絶妙なタッチとコントロールが求められます。バドミントンには「ネットを制する者はゲームを制する」という言葉があるように、ヘアピンはネットスポーツの原点となるショットと言えます。

　素早く前に詰めて、できるだけ高い打点で、面を安定させて打つのがヘアピンの最大のポイントです。短く落とすためのコツは「面を安定させて無駄なことをしない」こと。ヘアピンが苦手な人は打つ瞬間に何かしようとしますが、上手な人は出した面の角度を変えずに、身体だけを移動させてシンプルに切り込みます。

　フォアハンドでヘアピンを打つときも、できるだけ無駄なことをしないのがポイントです。できるだけ高い位置でシャトルをとらえ、ラケットを大きく動かすことなく、シャトルを「面に乗せて押し出す」イメージを持ちましょう。

❶ ネット前に落ちるシャトルに素早く前に詰めて
❷ 高い位置で面を安定させる
❸ 面の角度を維持したまま

第4章 基本ショットを押さえよう②

ヘアピン

ネットを挟んで相手の前に逆U字型の弧で小さく返すテクニックがヘアピン。軌道が髪留めのピンのようになるのでこの名称で呼ばれる。相手のポジションによってスピードに変化をつけたり、飛距離をセーブする必要があるので繊細なタッチが必要なショットと言える。

ヘアピンの狙い所

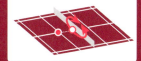

ネットぎりぎりを越える軌道で相手コートのネット際に落とすのが狙い目

ここをチェック！ 高い打点で面を安定させる

ネットぎりぎりに打つコツは、面に乗せて押し出すようなイメージを持つこと。シャトルを弾くような無駄な動きはしないように！

❹ シンプルに切り込んで

❺ 押し出すイメージでネットぎりぎりに落とす

ヘアピン（バック）
BACK-HAND HAIRPIN

目線の高さで
シャトルをとらえる

　バックハンドのヘアピンはサムアップしてネット前に移動。ランジの姿勢で身体を安定させて、高い所に面を準備し、相手コートぎりぎりに落とすのがポイントです。ショットを安定させるためには、目線の高さでシャトルをとらえることが大切です。ヘアピンの典型的なNG例は低い位置でとらえて、リストを使うような打ち方です。この打ち方ではネットぎりぎりに落とすのが難しくなります。

　またもうひとつのポイントは、インパクトまでグリップを握り込まないことです。短くコントロールするためには、インパクトの瞬間だけ握り込むタッチが必要。これはフォアにも共通することです。

　ここで紹介しているのはコルクに当てるタイプの標準的な打ち方ですが、レベルが高くなると、シャトルの下にラケット面を滑らせるように入れて回転をかけたり、スウィートスポットを外して打ったりと、様々なテクニックが必要になってきます。

❻ 押し込むように落とす　　❺ インパクト後も面の角度を変えずに　　❹ 目の高さでシャトルをとらえる

第4章
基本ショットを押さえよう❷

ここを チェック!

面の角度を変えない

正確に落とすためにはインパクト前からインパクト後までラケット面の角度を変えないことが大切。手首は固定したままリストを使わないようにしよう

❸ ランジの姿勢で身体を安定させて

❷ 高い位置にラケット面を用意して

❶ シャトルの軌道を見ながらネット前に移動

クロスネット
CROSS NET

ネットと平行の軌道でぎりぎりに落とす

ヘアピンのバリエーションとして、ネット前に落とすように見せかけながら、クロスに角度をつけた短い球を打つクロスネットというものもあります。シングルスにもダブルスにも応用できるショットです。

ネットぎりぎりに角度をつけて落とす必要があるので、難しいショットのように思えますが、実際はとてもシンプルなスイングしか必要としないので、けっして難しいテクニックでは必要ありません。ネットと平行にぎりぎりに落とすのが理想です。

ぎりぎりに落とさないと、自分のオープンスペースが広くなっているので、次の対応が大変です。さけたいのは、クロスに打った球が甘くなり、ストレートに叩かれてしまうパターン。テクニック的にはリスクがあるショットといえますが、ヘアピンと組み合わせることで戦術的に戦うことができます。

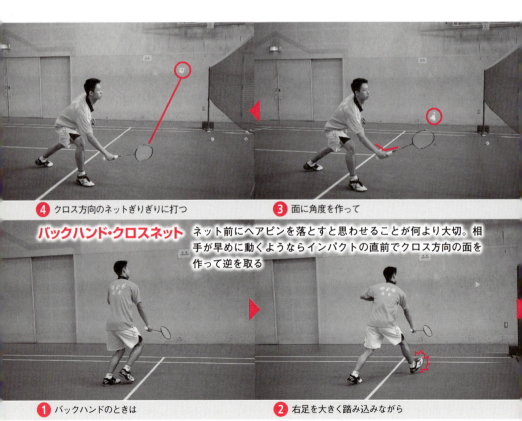

❹ クロス方向のネットぎりぎりに打つ

❸ 面に角度を作って

バックハンド・クロスネット

ネット前にヘアピンを落とすと思わせることが何より大切。相手が早めに動くようならインパクトの直前でクロス方向の面を作って逆を取る

❶ バックハンドのときは

❷ 右足を大きく踏み込みながら

第4章
基本ショットを押さえよう❷

クロスネット

ヘアピンで落とすと見せかけてクロス方向に角度をつけたショットを打つのがクロスネット。ヘアピンと併用することで相手を混乱させることができる。クロスに打つことを感づかれると反撃されてしまうので、ぎりぎりまでヘアピンと同じフォームで打つのがポイントとなる。

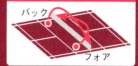

クロスネットの狙い所

ネットぎりぎりを越える軌道でクロスに打ち相手コートのネット際に落とすのが狙い目

ここを チェック! ラケットを立てる

角度をつけるときはリストスタンドをより意識してラケットを立てるのがコツ。また、打点もできるだけ前にとるように！

フォアハンド・クロスネット

クロスネットはネットからできるだけ近いところに落とすことが大切。打った球が甘くなると、自分のバック側に大きなスペースができているので逆にピンチを迎えてしまう

❷ 右足を大きく踏み込みながら　　❶ 相手のストレートネットに対し

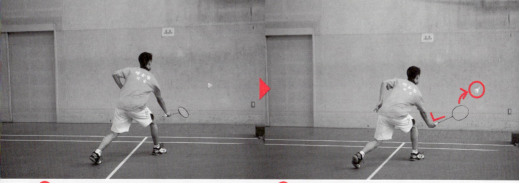

❸ ネット前に落とすように見せかけてから　　❹ 手首で面に角度を持たせてクロス方向に打つ

スピンネット
SPIN NET

ゲームを作る大切なショット

ヘアピンはフラットの面でコルクをとらえ、ネットぎりぎりに落とすものでしたが、インパクトでコルクにスピンを与えると、シャトルの回転が不規則になって相手は処理しにくくなります。この回転をかけて打つショットがスピンネットです。

通常のヘアピンとの違いは、ヘアピンはネットからの距離があっても使用可能ですが、スピンネットはネットから離れた場所では使いにくいという点。ネットの近い所で、高い打点でとらえるときには積極的にチャレンジしましょう！

スピンは、フォアなら時計方向、バックなら反時計方向に回転をかけるのが基本ですが、ラケットの動かし方で逆方向のスピンをかけることもできます。また、シャトルをくるくると回転させる「スピン」の他にも、コルクを軸に回転させる「タンブル」など多彩なテクニックがあります。練習では自分に合ったスピンのかけ方を試してみましょう。

フォアハンド・スピンネット インパクトの瞬間に、ラケットを横に滑らせてコルクをこすると回転がかかる

① リストスタンドしたまま
② 高い位置にラケット面を用意して
③ コルク+羽を切るように
④ 面を斜めに移動させて

第4章 基本ショットを押さえよう❷

スピンネット

ヘアピンを打つときに回転の要素を加えるのがスピンネットのテクニック。シャトルに不規則な変化を与えて落とすのが目的。一般的なスピンネットでは、フォアだと時計回り、バックだと反時計回り方向に回転を与えるのが基本。

スピンネットの狙い所

ヘアピンと同様にネットぎりぎりを越える軌道で相手コートのネット際に落とすのが狙い目

ここを チェック!

スピンをかけるときは、中途半端にせず、思い切りラケットを動かすように。写真のようにうまく切ることができれば、シャトルにも強い回転がかかる

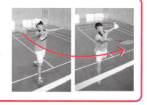

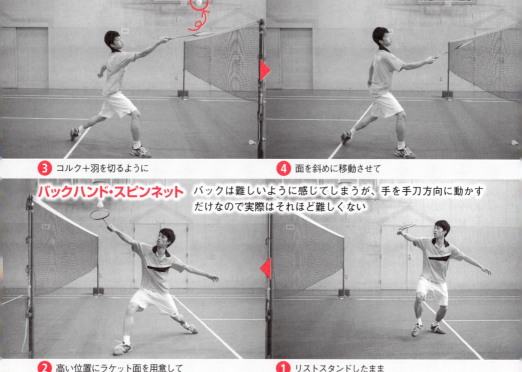

❸ コルク＋羽を切るように

❹ 面を斜めに移動させて

バックハンド・スピンネット

バックは難しいように感じてしまうが、手を手刀方向に動かすだけなので実際はそれほど難しくない

❷ 高い位置にラケット面を用意して

❶ リストスタンドしたまま

ヘアピンの練習法
HOW TO PRACTICE

　ここではヘアピンの練習法を2つ紹介しますが、ヘアピンで大切なのは、ノックで練習の数をこなして基本をしっかり身につけることです。フットワークやタッチなど基礎がしっかりしていないと、その後の練習が無駄なものになってしまいます。

手投げの球をヘアピンで返球。同じ所にシャトルが集まるように ①

ノックでクロスネットの練習も行う ②

練習の目安時間
初中級者→5分
中上級者→10分

ノックによる基本練習
手投げのノックをヘアピンで返球。フォアもバックも行う。ラケット面に乗せて押し出すイメージで、同じところに打ったシャトルが集まるようにする。また、同じノックでクロスネットの練習も行う。

第4章
基本ショットを押さえよう②

1対1のオールショート

1対1でヘアピンを打ち合う。相手の球が甘くなったり、ネットにベタ詰めのポジションをとっていたら、ロブで相手を下げるのも可。下がったらネット際に落とすカットやドロップを打ってポジションを上げ、またヘアピンの打ち合いに持ち込む。

① ネット前でヘアピンの応酬

② 相手の球やポジションを見て

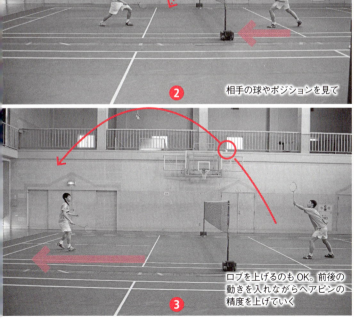

③ ロブを上げるのも OK。前後の動きを入れながらヘアピンの精度を上げていく

練習の目安時間

初中級者→3分
中上級者→5分

第5章
基本ショットを押さえよう③

サービスの
バリエーション

ここからは、サービスの打ち分けを学んでいきましょう。ポイントは相手に簡単なリターンをさせないことです。ロングサービス、ショートサービスをフォアでもバックでも自在に使えるように、練習法も併せて基本を押さえていきましょう。

フォアハンドショートサービス
FORE-HAND SHORT SERVICE

**フォアハンドでも
ショートを使えるように**

　サービスに関しては、フォアハンドを使う選手が減っています。フォアハンドは自由度が高く適当でも打ててしまいます。また、打つときにいったん相手から目を離さなくてはいけないので、安定感に欠けます。最近では相手を見たまま安定して打てるバックハンドのショートサービスが主流となっています。

　とは言うものの、1対1で行うシングルスはダブルスほど早い展開にはならないので、フォアのサービステクニックも身につけておきましょう。

　サービスはもともと受け身のショットです。ロングを使うと3球目は確実に受け身になってしまうので、先手を奪おうとしたらショートサービスは必須のテクニックです。打つときは、ラケットを持つ手より前で打つ（アバブ・ザ・ハンド）、腰のラインより上で打つ（アバブ・ザ・ウエスト）反則に気をつけましょう。また、構えた足の位置を動かしてスイングするとフットフォールトを取られてしまうのでそこも注意しましょう。

❶ 足の位置を確認して半身の姿勢で構える

❷ 反則に気をつけながら

❸ できるだけコンパクトなスイングで

基本ショットを押さえよう③

フォアハンドショートサービス

サービスは、相手の前に短く落とすショートサービスと相手の後ろに大きく上げるロングサービスがあるが、打つまでどちらのサービスか相手に読ませないようにするのがポイント。フォアハンドのショートサービスは主にシングルスで使われる。

ショートサービスの狙い所

ネットにかかるギリギリの高さで、ショートサービスライン寄りの両コーナーに落とすのがショートサービスの狙い目

ここをチェック！ 打つ瞬間は相手を見る

フォアハンドサービスでは、シャトルを離すときにはいったん相手から視線が離れるが、打った直後はしっかり相手のほうを見るようにしよう

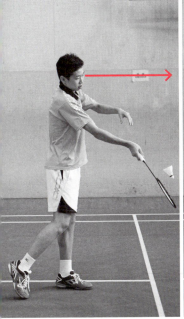

❹ 肩を支点の
スイングでインパクト

❺ シャトルを面に乗せて
運ぶようなイメージで

❻ フォロースルーは
左肩の位置で終了

フォアハンドロングサービス
FORE-HAND LONG SERVICE

コート奥に垂直の軌道で落ちるように打つ

　フォアハンドのロングサービスは、シングルで多く使われるショットです。サービスの中でもっともシャトルを飛ばせるのがフォアのロング。相手コートの奥に垂直に落ちるような軌道で打てば確実にラリー戦に持ち込めます。

　ロングサービスで大切になるのが距離感です。とくにフォアの場合は、スイングの自由度が高いので、安定した軌道で打つためには「どのくらいの力加減で、どのくらいのスイングの大きさにしたら良いのか」ということを普段の練習で身につける必要があります。

　そのためには、ストローク（スイングの強さ）を一定にして、例えば10cmロングするのなら10cm下がって構えるというように、距離に関しては、立ち位置で調整するのが基本的な考え方。スイングの強さを変えて距離を変えようとせずに、つねに一定のスイングで打つのがポイントです。

❶ 構えはショートサービスと同じに

❷ シャトルを離すと同時にテイクバック

❸ スイングの軌道の中で

基本ショットを押さえよう③

フォアハンドロングサービス

相手コート奥まで高く、深く打ち上げるのがロングサービス。バックバウンダリーライン際に垂直に落ちるような球を打つのが理想。短くなると攻撃的に打ち込まれるし、長くなるとアウトしてしまうので、自分の距離感を把握することが大切になる。

ロングサービスの狙い所

バックバウンダーラインぎりぎりの深さで両コーナーを目標に垂直落下するような軌道で打つのが狙い目

ここを チェック! スイングの軌道上にシャトルを落とす

安定した距離と軌道を確保するためのポイントはつねに同じ打点でヒットすること。シャトルはスイングの軌道上に正確に落とすようにしよう！

④ 後ろ足から前足への体重移動を使って

⑤ スイングスピードが最大になる身体の前でヒット

⑥ 左肩に担ぎ上げるような位置まで思い切り振り切る

バックハンドショートサービス
BACK-HAND SHORT SERVICE

絶対に身につけたい基本サービス

　バックハンドサービスの最大のメリットは、ラケットとシャトルが視野の中にあるので、相手から目を離さずに相手の状況を見ながら打てることです。また、スイングも小さくてOK。機械的にシンプルに打つことができます。こうしたメリットが大きいので、ダブルスだけでなく、シングルスでもバックのショートサービスがもっとも使われています。

　ショートサービスを成功させるコツは、前足はべた足にして背伸びしないで打つことです。つま先が浮くと上下動が出て、サービスの軌道がぶれてしまうので注意しましょう。

　ショートサービスをうまく使えれば、相手の対応はアンダーハンドになるので、スマッシュやプッシュなどの攻撃的なショットを封じることができます。理想はネットぎりぎりでコルクがお辞儀するように落ちて、相手はもうロブを上げる選択しかないという状態を作るサービスです。つねに一定の軌道で短く落とせるようになるまで、練習を繰り返しましょう。

正面から

① 右肘を肩の高さまで上げて構える
② シャトルを離すと同時にサムアップした親指で
③ 押し出すイメージでインパクト
④ フォロースルーはここで止めて距離感を出す

第5章 基本ショットを押さえよう ③

バックハンドショートサービス

主にダブルスで使われるのがバックハンドサービス。バックハンドからのショートサービスはもっとも軌道が安定し、相手から目を離さずに打つことができるのでダブルスの基本サービスとなっている。

ネットの高さギリギリに通して、ショートサービスライン寄りの両コーナーに落とすのが狙い目

❹ ネットをぎりぎりで超えてコルクがお辞儀するような軌道が理想

❸ 押し出すようにインパクト

❷ 相手を見ながら小さなテイクバックで

❶ 前足はべた足で安定した体勢で構えるのが基本

バックハンドロングサービス
BACK-HAND LONG SERVICE

オプションとして使える ロングサービス

　バックハンドのロングサービスは、ショートサービスを予想しているレシーバーの頭上に上げるなど、敵の意表をつく場面で使えるショットです。

　構えはショートを打つときと同じ。横から見た写真ではテイクバックが若干大きくなっていますが、正面の相手からはほとんどわからないレベル。同じ構えからショートとロングを打ち分けられることがバックハンドサービスで重要なポイントです。

　スイングを大きくとれないバックでシャトルを飛ばすためには、肘から先の回外を強く使うのがテクニック的なポイントです。打ち終わった後にフォロースルーが大きくなっているのは回外を使った証です。

　レベルが上がってくれば、敵はショートに対してプッシュを狙ってくるので、オプション的なショットとして、バックのロングも使えるように練習しておきましょう。

正面から

❶ 右肘を肩の高さまで上げて構えるのはショートと同じ

❷ テイクバックの大きさは変えないまま

❸ 回外を強く使いながら肘から先のスイングでインパクト

❹ 身体は回さないようにしながら大きくフォロースルーをとる

基本ショットを押さえよう③

バックハンドロングサービス

バックハンドのロングは、ショートと組み合わせて使うことで相手の逆をつくことができるサービス。ロングと読まれてしまうと相手の攻撃からラリーが始まることになるのでショートと同じフォームから打てるようになることが重要。

ロングサービスの狙い所

バックバウンダーラインぎりぎりの深さで両コーナーを目標に垂直落下するような軌道で打つのが狙い目

ここを チェック！

横から見れば多少テイクバックをとっているが、正面から見たときはショートサービスのテイクバックとほぼ同じ。このようにロングとショートのテイクバックを同じにするとショットを読まれない

横から

④ フォローは大きくとる ③ 打点を前にとってインパクト ② ほんの少しのテイクバックで ① ショートを打つような雰囲気を出しながら

サービスとレシーブを組み合わせた練習法(シングルス編)
HOW TO PRACTICE by SINGLES

　ここからはサービスとサービスレシーブを組み合わせた基本練習法を、シングルス編とダブルス編に分けて紹介します。練習の方法は様々ですが、ショットの単体練習だけでなく、サービスとレシーブを組み合わせた練習も行うようにしてください。

シングルスのロングハイサービス

ロングハイサービスは、バックバウンダリーラインぎりぎりのセンターに打つことが基本。両サイドへのサービスは、センター深くに正確に打てるようになってからにしよう。ロングハイサービスは基本的に受身のサービスなので、相手の一発目のショットを確実に返球することを第一に考えるように。
練習法としては、下のように落下点に目標物を置いて打つ単体練習がファーストステップ。右のようにレシーバを置いて、サービスを含めて3打目の返球までを行うのがセカンドステップ。サービスを打った後は、ポイントにするのが最終ステップとなる。

ロングハイサービスを打ってスタート ①

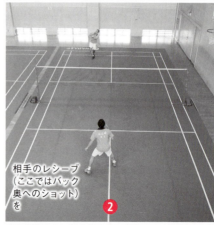

相手のレシーブ(ここではバック奥へのショット)を ②

3本目のショットにつなぐ ③

ロングハイサービスの練習法

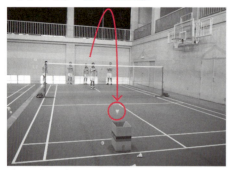

バックバウンダリーラインに目標物を置いてロングハイサービスの練習を行う

練習の目安時間

初中級者→20〜30球
中上級者→30〜50球

基本ショットを押さえよう③

シングルスのショートサービス

ショートサービスは、ロングハイサービスよりも攻撃する場面を積極的に作ることができる。ショートサービスを使うことでスマッシュなどの攻撃を防いで先手を取ることができるので、かならずマスターしよう。浮いてしまってプッシュなどで相手に攻撃されてしまうのはNG。

練習法としては、センターライン際、正面、サイドライン際へ目標物を置いて打つ単体練習がファーストステップ。ロングハイサービスと同様に3球目までのリターン練習を行う場合は、3球目のショットが攻撃（ヘアピンやスマッシュ）につながるように意識しよう。

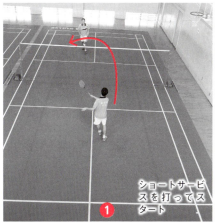

① ショートサービスを打ってスタート

② 相手のレシーブ（ここではフォア奥へのロブ）を

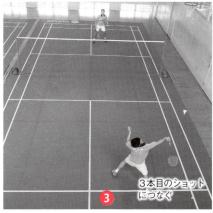

③ 3本目のショットにつなぐ

ショートサービスの練習法

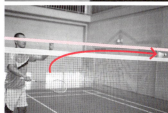

ネット上に割り箸とひもで15センチほどの空間を作り、そこをショートサービスで通す練習をする

練習の目安時間

初中級者→20〜30球
中上級者→30〜50球

サービスとレシーブを組み合わせた練習法(ダブルス編)
HOW TO PRACTICE by DOUBLES

ダブルスのショートサービス

ダブルスはロングサービスの打球範囲が縦に狭いこともあり、相手の攻撃を防ぐ上でもショートサービスが基本となる。警戒しなくてはいけないのは、相手の仕掛けてくるプッシュ。プッシュを打たれないようにタイミングを計りながら、できるだけネットから浮かないサービスを、センターライン際、正面、サイドライン際に打ち分けるようにしよう。

大切なポイントは、サーバーが3球目のリターンを返球できるような準備をすること。相手のプッシュには後衛が対応。ネット前、サイドへのハーフ球はサーバーが返球することを心がけよう。

ショートサービスからスタート ①

レシーブをサーバーが前でプッシュ ②

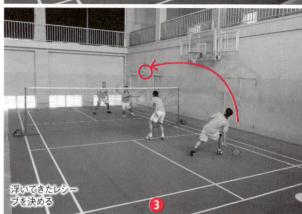

浮いてきたレシーブを決める ③

練習の目安時間

初中級者→10球
中上級者→20球

第5章 基本ショットを押さえよう③

ダブルスのロングサービス

ダブルスのレシーブ側は、ショートサービスを待っているのが普通。そこでアクセントとして、ロングサービスを織り交ぜて、レシーバーの体勢を崩したり、相手の陣形を乱すことも戦術的に大切。

ロングサービスを打つときは、ショートサービスと同様のフォームから、高さに注意してシャトルをしっかりと打ち上げるように。また、サーブと同時にサイドバイサイドの陣形をとり、相手の攻撃に備えるのも大切なポイント。

① ロングハイサービスからスタート

② レシーブを下げたら

③ サイドバイサイドになって3本目に備える

練習の目安時間

初中級者→10球
中上級者→20球

第6章
強くなるための基礎練習法

フットワークを
強化しよう

この章では、ショットを効果的に使うためのフットワーク練習を中心に紹介します。どんなにテクニックがあっても、シャトルまで身体を運ぶことができなければ良いショットは打てません。「フットワークあってのショット」の意識で、普段の練習から集中して取り組んで下さい。

リアコートに下がるときのフットワーク練習

フォア奥の動きとバック奥の動きを交互に連続して行う

　まずはリアコートにクリアやロブを打ち込まれた場面を想定し、フォア奥とバック奥への動きを連続するフットワーク練習です。ホームポジションを起点にスタート。両サイドとも下がったときには、オーバーヘッドのシャドウスイングを入れて、すぐにホームポジションに戻ります。テーマは後ろに下がるフットワークをスムーズにすることですが、シャドウスイングを入れるときには、どんなショットを、どこに打つか、ということをかならずイメージしてください。下の写真では右奥に下がったときはラウンドの体勢をとっていますが、もちろん、ハイバックのシャドウスイングにしてもOKです。

POINT シャドウスイングではどんなショットを打つのかイメージ

POINT 下がるときは一歩目の動き出しに注意

POINT ホームポジションに戻るときは次のショットへの対応を意識する

第6章 強くなるための基礎練習法

練習の目安時間／回数
初中級者→20秒／3セット
中上級者→30秒／5回

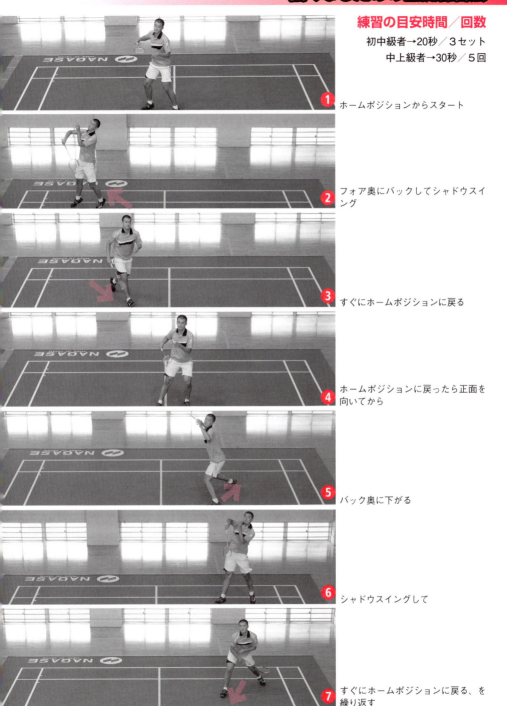

1. ホームポジションからスタート
2. フォア奥にバックしてシャドウスイング
3. すぐにホームポジションに戻る
4. ホームポジションに戻ったら正面を向いてから
5. バック奥に下がる
6. シャドウスイングして
7. すぐにホームポジションに戻る、を繰り返す

サイドに飛びつくときのフットワーク練習

左右のシャトルをワンジャンプで決めるイメージで

　これはミドルコートで両サイドに甘い球がきたと想定しての飛びつきフットワーク練習です。ポイントとなるのは「ワンジャンプ」。右側なら右足ジャンプで右足着地、左側なら左足ジャンプ左足着地を心がけてください。これはポイントを取るためのショットなので、打つコースはストレートをイメージしてシャドウスイングしましょう。

　また、着地したら正面を見ながらすぐにサイドステップでホームポジションに戻り、次の動きにつなげます。もうひとつの大切なポイントは、ワンジャンプで飛んだときは、ラケットを振り下ろすだけの空中体勢を作っておくことです。

POINT ジャンプしたときはラケットをスイングするだけの体勢ができている

POINT 着地したらすぐにサイドステップでホームポジションに戻る

POINT つねに相手（正面）を見ながら横に動くことを意識する

第6章 強くなるための基礎練習法

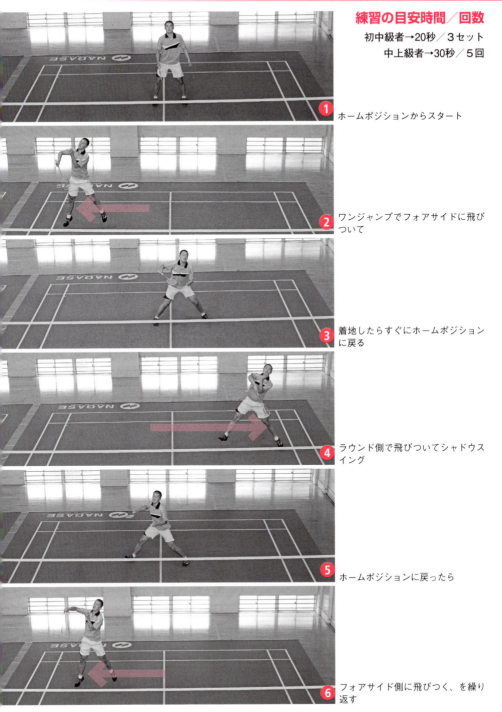

練習の目安時間／回数
初中級者→20秒／3セット
中上級者→30秒／5回

① ホームポジションからスタート

② ワンジャンプでフォアサイドに飛びついて

③ 着地したらすぐにホームポジションに戻る

④ ラウンド側で飛びついてシャドウスイング

⑤ ホームポジションに戻ったら

⑥ フォアサイド側に飛びつく、を繰り返す

サイドに落とされたときのフットワーク練習

止まる、戻るの動きを一連の動作にする

これはスマッシュやカット（ドロップ）、プッシュをサイドに打たれた場面を想定し、その球に素早く対応してレシーブするときのフットワーク練習です。ここではミドルコートで行っていますが、バックコートで行うこともあります。

ポイントは、自分のポジションや体勢によって、どんな球を返すのかイメージしながら行うことです。横に動くときのフットワークで大切なのは、ブレーキングで止まる動作と、ホームポジションに戻る動作を一連の動きにすることです。下半身を安定させて、上体をまっすぐな形でシャドウスイングし、素早くホームポジションに戻ることを心がけてください。

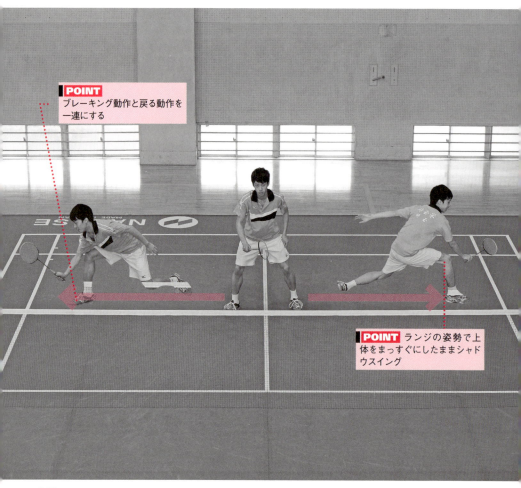

POINT ブレーキング動作と戻る動作を一連にする

POINT ランジの姿勢で上体をまっすぐにしたままシャドウスイング

第6章 強くなるための基礎練習法

練習の目安時間／回数
初中級者→20秒／3セット
中上級者→30秒／5回

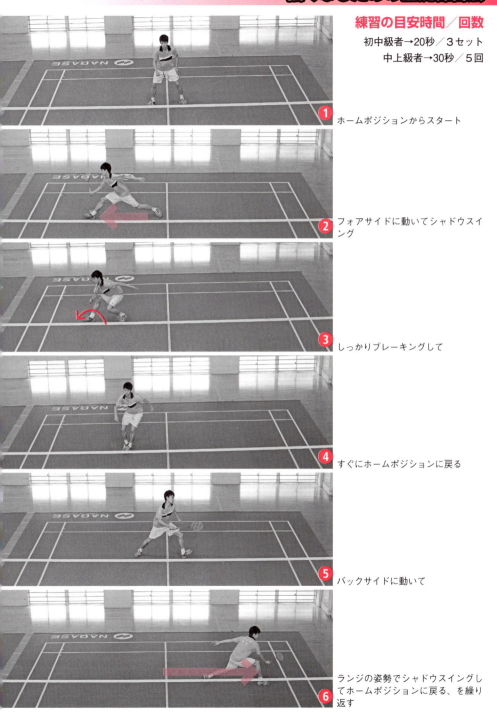

1. ホームポジションからスタート
2. フォアサイドに動いてシャドウスイング
3. しっかりブレーキングして
4. すぐにホームポジションに戻る
5. バックサイドに動いて
6. ランジの姿勢でシャドウスイングしてホームポジションに戻る、を繰り返す

ネット前の打球を処理するときのフットワーク練習

ネット前における三角の動きを意識する

これはヘアピンやドロップ（カット）でネット前に落とされたことを想定し、それをヘアピンで返したり、ロブで返すときのフットワーク練習です。動きとしてはフォア前に移動して、すぐにセンターポジションに戻り、次はバック前に移動してセンターに戻る、の繰り返しになるので、フロントコートでの三角の動きとなります。

気をつけたいポイントは、フォア前ではシャッセの動きを意識することです。また、スイングするときには、足が伸び切ったり、腰が浮いた状態になっていない点も大切です。どんな返球をするのか意識しながら行うことも忘れないでください。

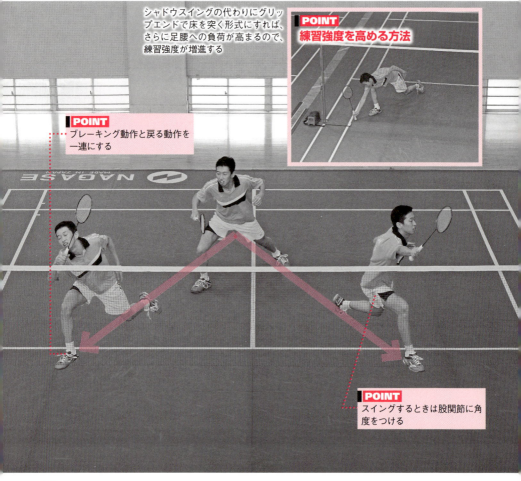

シャドウスイングの代わりにグリップエンドで床を突く形式にすれば、さらに足腰への負荷が高まるので、練習強度が増進する

POINT 練習強度を高める方法

POINT ブレーキング動作と戻る動作を一連にする

POINT スイングするときは股関節に角度をつける

第6章 強くなるための基礎練習法

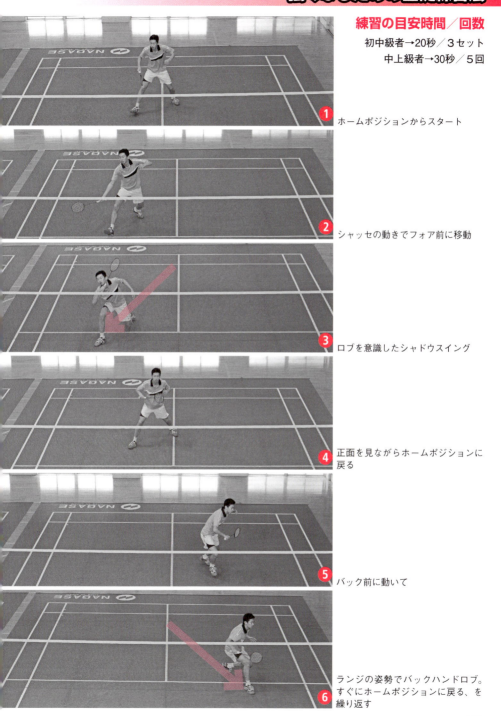

練習の目安時間／回数

初中級者→20秒／3セット
中上級者→30秒／5回

① ホームポジションからスタート

② シャッセの動きでフォア前に移動

③ ロブを意識したシャドウスイング

④ 正面を見ながらホームポジションに戻る

⑤ バック前に動いて

⑥ ランジの姿勢でバックハンドロブ。すぐにホームポジションに戻る、を繰り返す

143

アタック&プッシュで前後に動くときのフットワーク

ネット前、コート奥の三角の動きを意識する

これはコートの半面を使ってアタック&プッシュの動きを繰り返して、前後の動きを強化するフットワーク練習です。

ポイントは、リアコートに下がってのスマッシュでは、身体のラインでしっかりシャドウスイングし、着地足が後ろに流れないようにすること。そしてネット前のプッシュでは、ラケットの立てる準備を怠らずにシャドウスイングすることです。動きとしては、オープンコートを作らないように、三角形の動きをつねに意識してください。右ページのようにコートの左半面でも同様の練習を行いましょう。

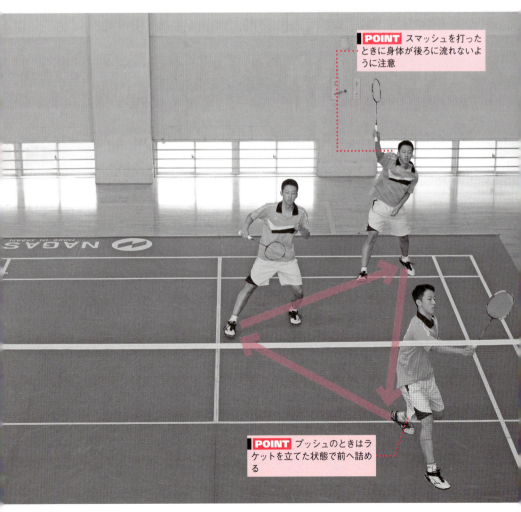

POINT スマッシュを打ったときに身体が後ろに流れないように注意

POINT プッシュのときはラケットを立てた状態で前へ詰める

第6章 強くなるための基礎練習法

練習の目安時間／回数
初中級者→20秒／3セット
中上級者→30秒／5セット

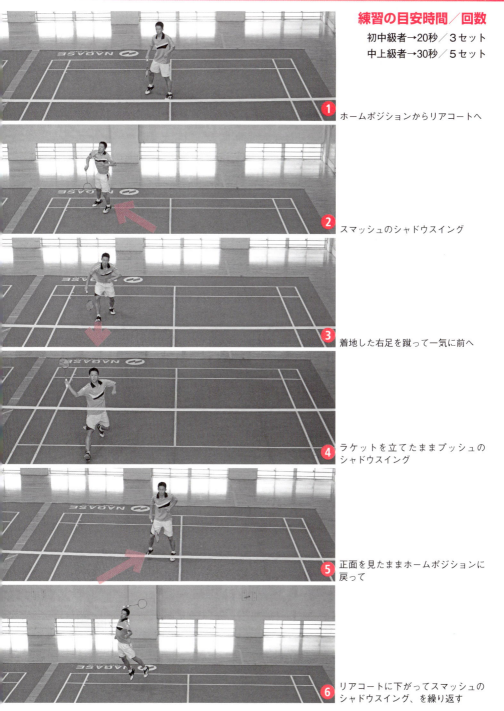

1. ホームポジションからリアコートへ
2. スマッシュのシャドウスイング
3. 着地した右足を蹴って一気に前へ
4. ラケットを立てたままプッシュのシャドウスイング
5. 正面を見たままホームポジションに戻って
6. リアコートに下がってスマッシュのシャドウスイング、を繰り返す

シャトル置き&ラインタッチでフットワーク強化

シンプルで効果が高い
フットワーク強化練習

　これはコートに置いたシャトルを反対サイドまで運ぶフットワーク強化ドリルです。単純な練習法ですが、ラケットを持っているときよりも移動距離が長く、運動量が多くなるので大きな負荷をかけられる練習と言えます。

　シャトル置きは、フットワークを正確に使うことで、低い姿勢を作ることができ、実戦での球際の強さにつながります。ポイントは、シャトルを置いたらかならず正面を向くこと。これは相手の対応を見ながら動くということの意識付けになります。シャトルを移動するだけの練習ではバドミントンの動きに直結しないので注意して行いましょう。

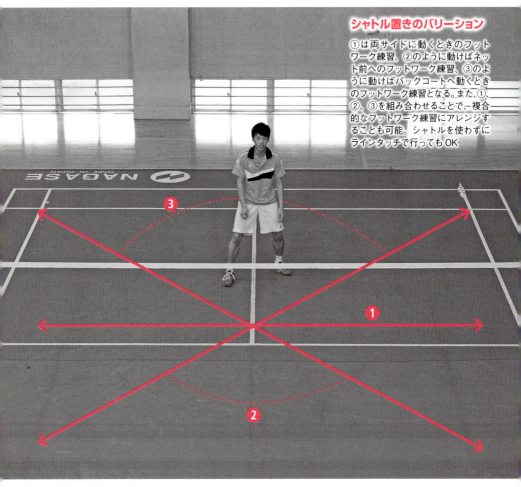

シャトル置きのバリーション

①は両サイドに動くときのフットワーク練習、②のように動けばネット前へのフットワーク練習、③のように動けばバックコートへ動くときのフットワーク練習となる。また、①、②、③を組み合わせることで、複合的なフットワーク練習にアレンジすることも可能。シャトルを使わずにラインタッチで行ってもOK

第6章 強くなるための基礎練習法

練習の目安時間／回数

初中級者→5〜10往復
中上級者→10〜20往復

サイド

① 左右の動きを繰り返す

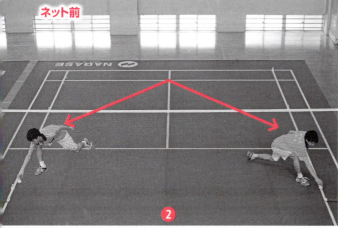

ネット前

② ネット前の三角の動きを繰り返す

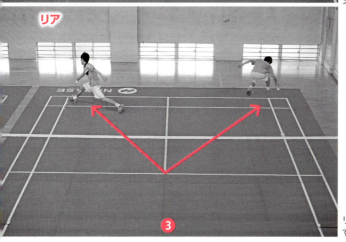

リア

③ リアコートへの三角の動きを繰り返す

指示付きオールコートのフリーのフットワーク練習

実戦の動きを作るフットワーク練習

　2人1組になって行う「指示付きフットワークドリル」は、単純なフットワーク練習ではなく、実戦を想定したものになるので効果が高い練習法と言えます。

　この練習でポイントとなるのは、指示者は実戦を想定した動きになるように指示すること。指示を受ける側も、次はどんなショットを打つかイメージしながら動くことが大切です。

　指示を出すタイミングは、シャドウスイングしてホームポジションに戻る瞬間です。戻ってからの指示では動きが止まってしまうし、指示が早すぎると、一直線の動きになって練習効果が薄れるので注意しましょう。

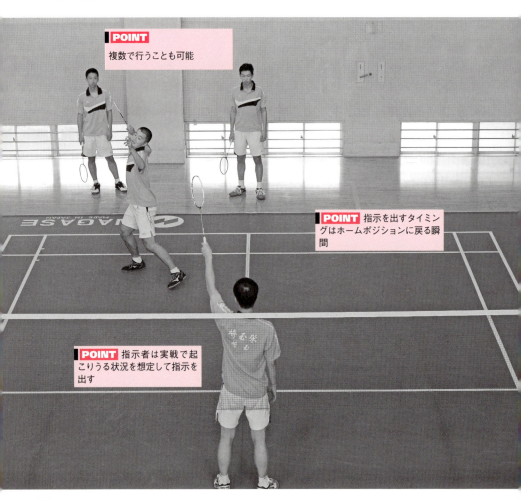

POINT 複数で行うことも可能

POINT 指示を出すタイミングはホームポジションに戻る瞬間

POINT 指示者は実戦で起こりうる状況を想定して指示を出す

第6章 強くなるための基礎練習法

練習の目安時間／回数
初中級者→5〜10往復
中上級者→10〜20往復

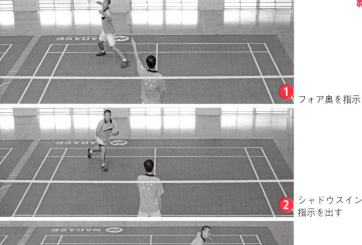

① フォア奥を指示

② シャドウスイングして戻るタイミングで次の指示を出す

③ バック前を指示

④ バック奥に深い球を打たれたことを想定して次の指示

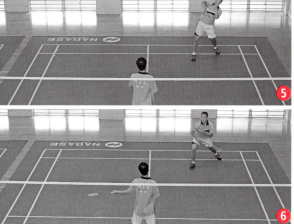

⑤ ラウンドでシャドウスイング

⑥ フォア前まで一気に走らせる指示。実戦で起こりうる状況を考えて指示を出すように

ノックによる練習法①

ノック練習で強くなろう！

　ノックとは、手投げ、あるいはラケットを使って放つシャトルを打つ練習法です。試合で起こりうるさまざまな状況を簡単に再現することができるのがノックのメリットです。ノックによる反復練習で基本的な動作習得や各種ショットでの対応法を学ぶことができます。また反復して行うことで、基礎体力が向上し、フットワークの強化にも効果的です。

　ノック練習は、実戦の動きを想定しながら、苦手としているショットの改善にも役立てることができ、また得意としているショットの強化にも応用できます。このときに大切になるのがノッカー（出し手）です。受け手のレベルに応じて、出すテンポや負荷を臨機応変に変えることで練習効果は高まります。

　次ページからは、ノックによる基本的な練習法を紹介していきます。積極的に普段の練習に取り入れてください。

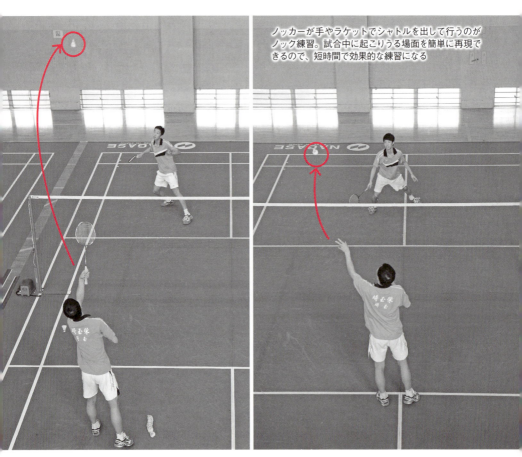

ノッカーが手やラケットでシャトルを出して行うのがノック練習。試合中に起こりうる場面を簡単に再現できるので、短時間で効果的な練習になる

ノックによる練習法②

ショートリターン⇒フォア奥スマッシュ⇒ネット（複数）⇒ロブ⇒スマッシュ

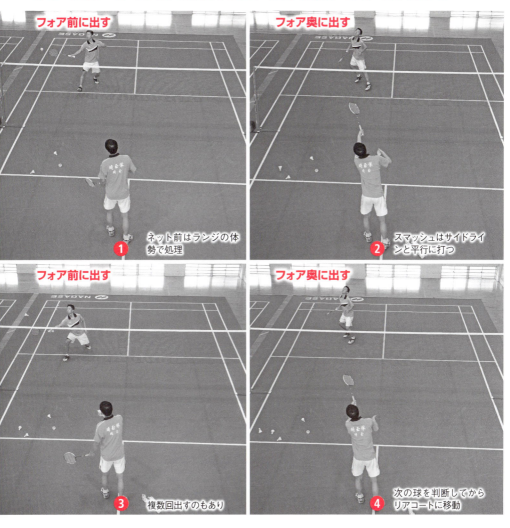

① ネット前はランジの体勢で処理
② スマッシュはサイドラインと平行に打つ
③ 複数回出すのもあり
④ 次の球を判断してからリアコートに移動

これはフォア前の処理とフォア奥のスマッシュを組み合わせた反復練習です。この練習によってスマッシュおよびネットの精度を上げるとともに、前後の動きを強化することができます。単純なノックでは、前後に交互に出しますが、レベルが高い選手の場合には、ネットを複数回入れることで、より実戦に近い形の練習になります。

練習の目安時間／回数
初中級者→5往復／3セット
中上級者→10往復／5セット

ノックによる練習法③

ショートリターン➡ラウンドスマッシュ➡ネット（複数）➡ロブ➡スマッシュ

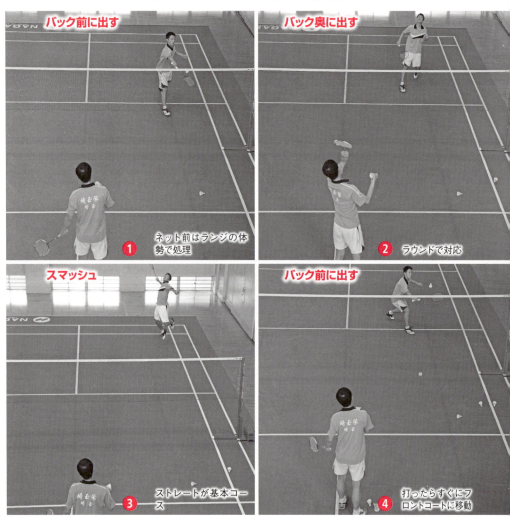

① バック前に出す ネット前はランジの体勢で処理
② バック奥に出す ラウンドで対応
③ スマッシュ ストレートが基本コース
④ バック前に出す 打ったらすぐにフロントコートに移動

　これは前ページの②を反対サイドで行うもので、バック前の対応とバック奥のラウンドスマッシュの反復練習です。スマッシュの基本コースはストレート。「ストレートに打ったらストレートに返ってくる」というパターンをこの練習で頭に入れましょう。また、ラウンドスマッシュの設定をハイバックに変更すれば、もっとも難しいハイバック返球の練習にもなります。

練習の目安時間／回数　初中級者→5往復／3セット　中上級者→10往復／5セット

ノックによる練習法④

前後のフリーアタック

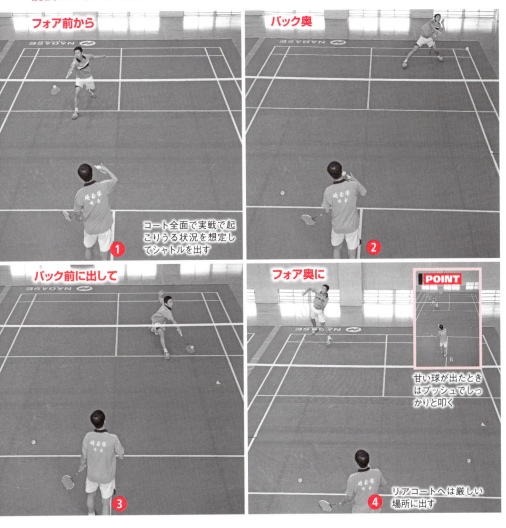

フォア前から ①
コート全面で実戦で起こりうる状況を想定してシャトルを出す

バック奥 ②

バック前に出して ③

フォア奥に ④
リアコートへは厳しい場所に出す

POINT
甘い球が出たときはプッシュでしっかりと叩く

　これは②と③を組み合わせた内容でコート全面を使って行います。受け手はショットを打った後にプレーイングセンターへ素早く戻り、次にどんな球がくるかしっかりと見極めることが重要です。またノッカーは、動きのスピードを上げるために、リアコートには厳しい球を出しましょう。実戦よりも少し早いタイミングで球を出すことで練習の負荷を上げることができます。

練習の目安時間／回数　初中級者→5往復／3セット　中上級者→10往復／5セット

ノックによる練習法⑤

サイドのカウンタースマッシュ

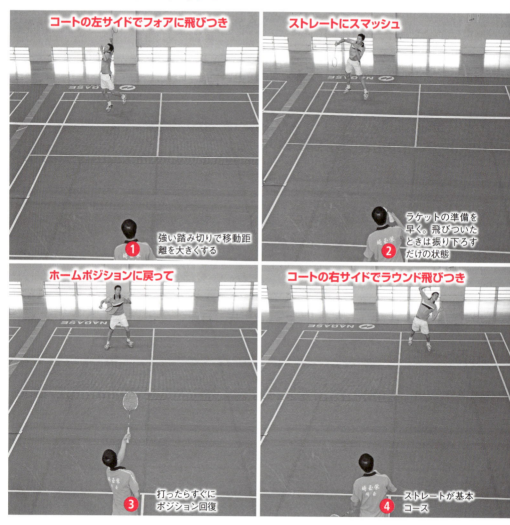

これはミドルコートまたはリアコートでフォアサイド、バックサイドへ移動しながらのスマッシュ練習です。ミドルコートでカウンター的に飛びつくときは、ワンジャンプでしっかりラケットを振り切ることを意識しましょう。打つコースはストレートが基本ですが、選手が自由に選択してもOKです。ノッカーは、シャトルが自分の脇を通ったタイミングで次の球を出すと、かなり実戦的な練習になります。

練習の目安時間／回数　初中級者→6本／3セット　中上級者→10往復／5セット

ノックによる練習法⑥

オールコートフリー（センターからノック）

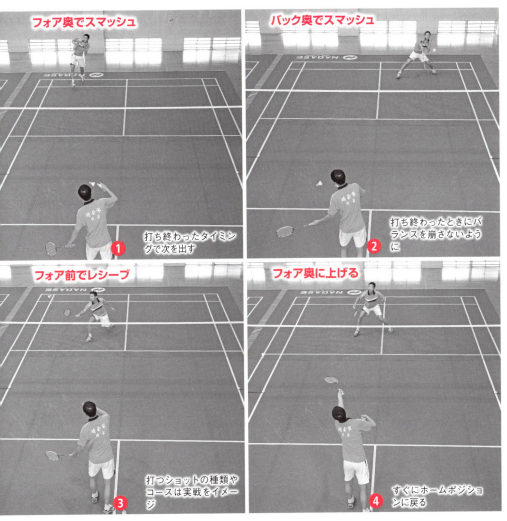

① フォア奥でスマッシュ — 打ち終わったタイミングで次を出す

② バック奥でスマッシュ — 打ち終わったときにバランスを崩さないように

③ フォア前でレシーブ — 打つショットの種類やコースは実戦をイメージ

④ フォア奥に上げる — すぐにホームポジションに戻る

　これは①〜④のすべての要素を入れたコート全面を使うノックです。とても運動量が多い練習となるので、受け手のレベルが問われますが、出す回数を工夫したり、ノッカーが球出しのタイミングを遅くすることで、どんなレベルの選手にも十分対応できます。シングルスの試合はコート全面を使います。この練習で体力強化と正確なフットワーク作りを学んでください。

練習の目安時間／回数　初中級者→15本／3セット　中上級者→25本／3セット

ノックによる練習法⑦

前後ノック（フォア前＆バック前からノック）

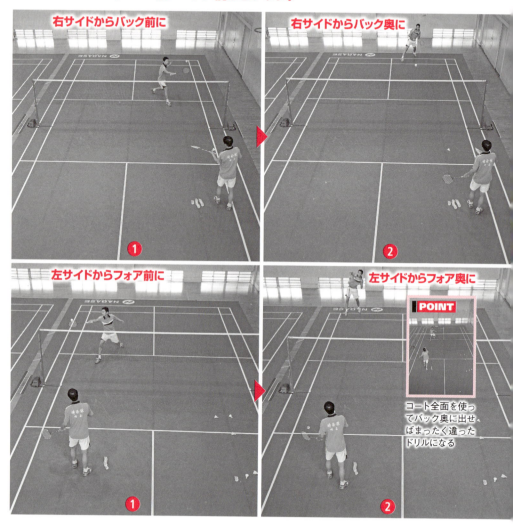

ここまでの練習では、ノッカーがコートのまん中からシャトルを出していましたが、実戦ではコートの真ん中からシャトルが飛んでくるケースは多くありません。実戦を想定して、ノッカーの立ち位置をフォア前、バック前に変えて行う練習も行いましょう。写真はコート半面を使った前後の球出し例ですが、コート全面を使ってもOK。受け手は、すべてのショットを「ストレートに返す」、「クロスに返す」と決めて行うとショットの精度を高めることができます。

練習の目安時間／回数　初中級者→15本／3セット　中上級者→25本／3セット

ノックによる練習法 ⑧

手投げノックによるフロントコート、ミドルコートでのレシーブ

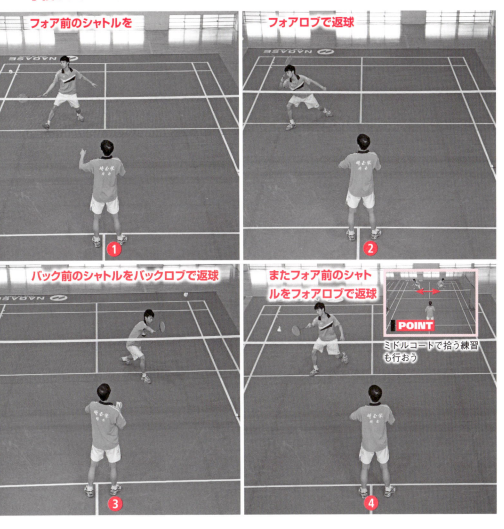

① フォア前のシャトルを
② フォアロブで返球
③ バック前のシャトルをバックロブで返球
④ またフォア前のシャトルをフォアロブで返球

POINT ミドルコートで拾う練習も行おう

　これは手投げしたシャトルをロブで返球する守備重視の練習です。この練習のように、ネット前の短い球はラケットより手で出したほうが厳しく正確な球が出せます。この練習はディフェンス力を強化させるのに効果的です。受け手はフロントコート、ミドルコートに出されたシャトルに素早く移動して、深いロブで返球することを心がけましょう。また拾うときのブレーキングと、戻りの動作を一連にして、連続性ある動きで左右のシャトルを拾うことが大切です。

練習の目安時間／回数　初中級者→15本／3セット　中上級者→25本／3セット

第7章
強くなるための実戦的練習法

実戦に即した
練習を考えよう

この章では、実戦を想定した様々な練習法を紹介します。ノック練習やパターン練習で大切なのは、実際の試合状況を練習の中に組み込むことです。練習で行っていることが本番でできる選手が強い選手です。練習のための練習にならないようにつねに実戦を想定した練習を心がけましょう。

シングルスの実戦的練習法

パターン練習

　パターン練習は、あらかじめショットを打つ順番を決め、2人で同じパターンを繰り返す練習です。実戦でよく現れるラリーのパターンを想定し、その動きを身体に覚え込ませるのに有効な練習です。お互いにミスなくオールコートをカバーするイメージで実戦に近づけましょう。

相手が出した深い球をクリアで返球したところからスタートするパターン練習

練習法①
クリア➡カット➡ヘアピン➡ヘアピン➡ロブ➡クリアのパターン

　これはシングルスにおける前後の動きとショットを組み合わせたパターン練習です。ラリーを構成する各ショットをオールコートでミスなく続けられるようになれば、確実に強くなります。

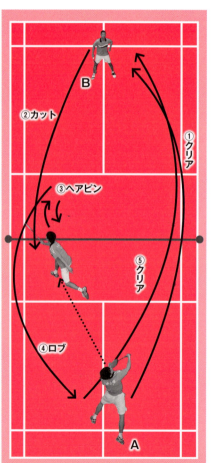

Bが出した球をAがリアコートにクリアした場面からスタート①。Bは①のクリアをカットでフォア前に落とす②。Aはヘアピンで対応。Bもヘアピンで応酬③。何度か繰り返した後にBがロブを上げる④。Aが下がって④をリアコートにクリアで返球⑤。このパターンを繰り返す

第7章 強くなるための実戦的練習法

練習法②
クリア➡スマッシュ➡ショートリターン➡ヘアピン➡ロブ➡クリアのパターン

これは練習法①の別バージョン。カットに変えてスマッシュを入れたパターンで、より実戦に近い内容となります。あらかじめ打つコースや球種がわかっているパターン練習では、先回りして動きがちですが、それでは練習効果が高まらないので注意しましょう。

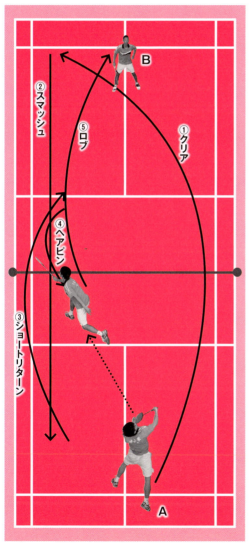

Bが出した球をAがリアコートにクリアした場面からスタート①。Bは①のクリアをストレートにスマッシュ②。Aはショートリターンでフォア前に落とす③。Bは③をヘアピンで対応④。Aが④をリアコートにロブで返球⑤。このパターンを繰り返す

シングルスの実戦的練習法

制限練習

制限練習は、一方の選手の対応に「こうしなければいけない」という制限を設けた練習です。ショットを限定することで一方は攻撃力、一方は守備力を鍛える効果的な練習になります。

目的によって様々な制限を設けながら行う練習

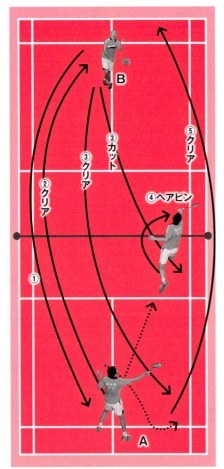

練習法③
ロングロング&ショートショート

これはAが守備側。Bが攻撃側になるように制限を設けた練習です。Aはリアコートへのショットはクリア限定。またBがフロントコートに打ってきた短いショットに関しては、ネット限定のショットで対応してラリーを行います。

Bの①からスタート。Aは①をコート奥にクリアで返球②。Bは②をクリア、カット、ドロップなど変化をつけながら返球③。Aは短い球はネット限定④、長い球はクリア限定⑤にしてラリーを続ける

第7章 強くなるための実戦的練習法

練習法④
ロングショート&ショートロング

これは守備側のAに、長い球が来たら「短く」、短い球が来たら「長く」という制限を設けた練習です。リアコートへのショットはクリア限定。AはBが打ったクリアはできるだけ早いタッチでカット、ドロップで返球。Bが打ったカット、ネットに対しては、相手の体勢を少しでも崩せるような深い返球にすることが大切です。

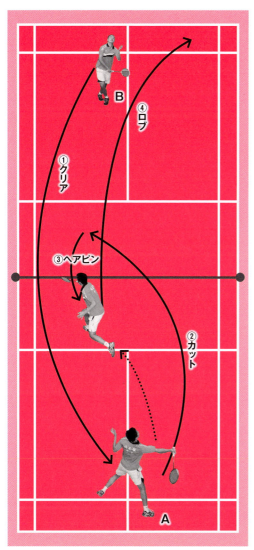

BがリアコートにクリアをⅠ打ってきたら①、Aはカット、ドロップで返球②。Bが②をヘアピンで落としてきたら③、Aはかならずリアコートにロブを上げる④。このようにロングにはショート、ショートにはロングの対応でラリーを続ける

シングルスの実戦的練習法

制限練習

制限練習には、ショットを制限する方法とともに、打つ場所を制限する方法もあります。レベルによってはコート全面を使うとラリーが続かないこともあるので、コート半面を使った制限練習も取り入れてください。

練習目的によって様々な制限を設けながら行うことが可能

練習法⑤
コート半面のスマッシュ&ネット

これはコートの右半面を使ったスマッシュとネットの練習です。スマッシュを打っていいAが攻撃側。受けるBが守備側になります。もちろんコートの左半分を使った練習もあります。

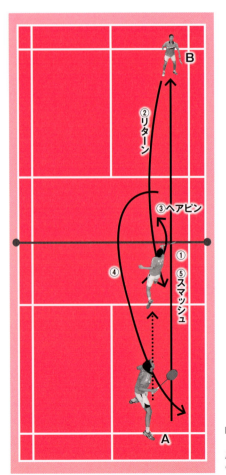

Bが出した球をAがストレートにスマッシュを打った場面からスタート①。Bのリターンが短かったら②、ヘアピンで対応③。ロブで長く返してきたら④、スマッシュで対応⑤。このパターンをコート半面で繰り返す

第7章 強くなるための実戦的練習法

練習法⑥
全面対半面のスマッシュ&ネット

コートの制限範囲を変えることで、練習の強度を上げることができます。これはAの攻撃側は半面、Bの守備側を全面にした例ですが、こうすると受けるBの運動量が一気に高まります。また、リバースして、Aを全面、Bを半面にすると、Aの運動量が大きくなります。レベル差がある2人が練習する場合にも、このようなハンディを設けることで十分対応できるはずです。

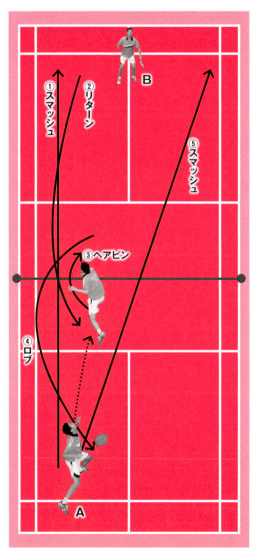

Bが出した球をAがラウンドでスマッシュした場面からスタート①。Bのリターンが短かったら②、ヘアピンで対応③。ロブで返してきたら④、スマッシュのコースを変えて対応⑤。このパターンをコート半面で繰り返す。有利なAはBを振り回すことを考える

165

シングルスの実戦的練習法

制限練習

　ショットに制限を設けることで、運動強度を上げる練習法もあります。例えば、1対1でお互いに「スマッシュなし」の制限を設ければ、確実にラリーが長くなり、運動強度が高まります。また、強打できないので「どうやったら相手を崩せるのか？」という配球や戦術を学ぶこともできます。

練習法⑦
アタックなしのフリー練習

　アタックなしのフリーは、実際のゲームを想定し、相手の体勢を少しでも崩すことを目的に行うことが大切です。理想のパターンは、相手を振り回してノータッチのエースを奪うことです。触った球はかならず相手のコートに返球する意識と習慣を持つことが大切です。また、速い球はないので、ミスをしないように極力注意しましょう。

スマッシュやプッシュなしのルール設定でフリーラリーを行うと戦術的なプレイを考えるようになる

第7章 強くなるための実戦的練習法

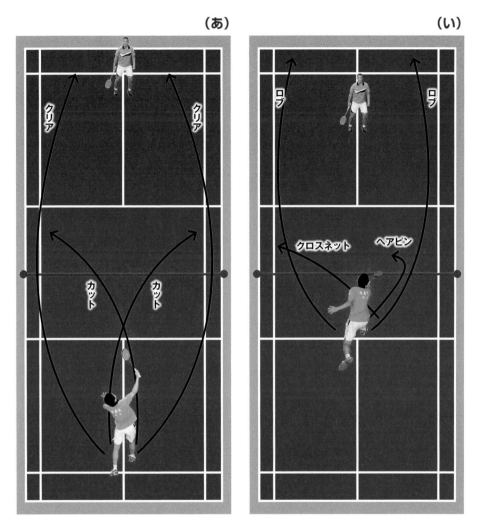

AがBを振り回そうと考えた場合、リアコートからだったら、クリアで左右に走らせたり、ドロップやカットでネット前に誘い出したりする戦術が考えられる（図あ）。また逆にフロントコートのプレイでは、ヘアピンやクロスネットをうまく使い、チャンスを見て深いロブをリアコートに上げるなどの前述が考えられる（図い）

シングルスの実戦的練習法

練習法⑧
クロスカット➡ストレートロブ➡カウンタースマッシュ➡リターン➡ネットのパターン

　これは1対2で行うパターン練習です。シングルスの練習を1対2にすると、1対1のときよりプレイに連続性が出てきます。ここで紹介しているパターンは、クロスカットからのカウンタースマッシュ、ネット前のカバーまで連続して行う練習です。この他にも様々なパターンがあります。自分が得意としているパターンをさらに磨いたり、苦手なパターンを克服するための練習として取り入れましょう。

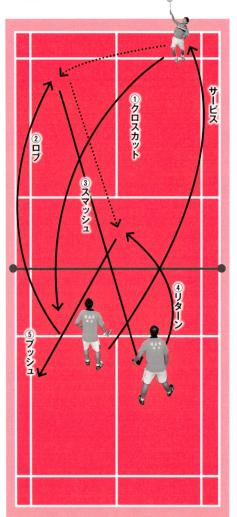

スマッシュやプッシュなしのルール設定でフリーラリーを行うと戦術的なプレイを考えるようになる

バックへのサービスをラウンドからクロスカット①、相手が上げてくるストレートロブ②を右足踏切で飛びついてカウンタースマッシュ③。相手のリターン④をプッシュで決める⑤

ダブルスの実戦的練習法

練習法①
2対1のアタック&レシーブ

　1対2で制限を設けることで、シングルスだけでなく、ダブルスの練習にも応用することができます。この練習では1人側のフロントコートに返球NGのエリアを設けています。こうすることで一人側は、ミドルコート、リアコートからスマッシュを打ち続けることになり、ミドルコートに位置した2人側はロングリターン、ドライブリターンで連続返球することになります。これはダブルスでサイドバイサイドの陣形をとったときの受けの練習に応用できます。

2対1で行うアタック&レシーブ練習

1人側のスマッシュは、しっかりと移動しストレート中心に浮かないように打ち込む。ドライブリターンに対しては、できるだけ前でとらえ連続的に打ち込む。2人側はミスなく攻撃に耐えるように

ダブルスの実戦的練習法

練習法②
2対1のプッシュ&リターン

　ダブルスではディフェンスからオフェンスへの切り替えが必要不可欠です。これは相手にできるだけネット前で強打されないために、低いリターンを連続的に返球する練習です。2人側はプッシュおよびネット前に落し、1人側は半面でストレート、クロスへドライブ、またはショートリターンを狙います。できるだけコンパクトなスイングで連続的に返球することを心がけましょう。

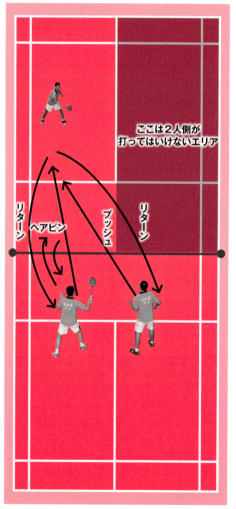

2対1で行うプッシュ&リターン練習

この練習では、1人側は基本的にストレートに返球し、その中でクロスにかわしていくことを考える。受けるときのスイングはバックハンドを前提に、できるだけコンパクトに前でとらえるようにしよう。また、つねにネット前を空けない意識を持つことが大切

ダブルスの実戦的練習法

練習法③
3対2のフリーゲーム

　これは3対2でコートに入り、ダブルスのフリー形式で状況判断力を養う練習です。2人側が圧倒的に不利な状況ですが、3人のほうにもかならず空きスペースがあるはずなので、ラリーの中でそのスペースを見つけて返球していくことが重要です。基本的に3人側は前衛1、後衛2のポジションで入りますが、3人ともフリーにして移動しながら行うなど、強化するポイントによって様々なアレンジが可能です。また「ロブはNG」などルールに制限をつけると、さらにスピーディな展開の練習になります。

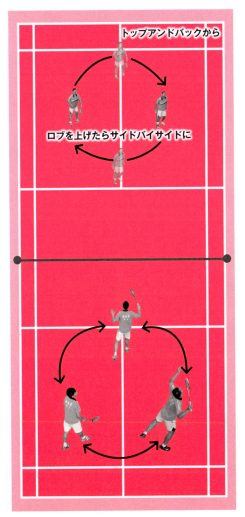

ダブルスの練習を3対2で行う

2人側は、積極的に打ち合うことを意識すると同時に、オープンスペースのカバーをつねに意識する。また、ロブを上げたときは、トップアンドバックからすぐにサイドバイサイドの陣形に組み替える。3人側は、前衛1、後衛2を基本ポジションとして、ポイント毎にローテーションする。またラリー中に、フリーで移動してもOK。より実戦的な感覚で練習を行おう

ダブルスの実戦的練習法

練習法④
4対2の変則ゲーム

　これはサイドバイサイドの陣形で耐える練習を4対2で行うパターンです。3対2のパターンだと、前衛の脇にスペースがありますが、前衛が2人になるとサイドのスペースがありません。もうこうなるとリアコート深くにクリアを上げ続けるしかありません。前衛につかまらないように耐え続けましょう。

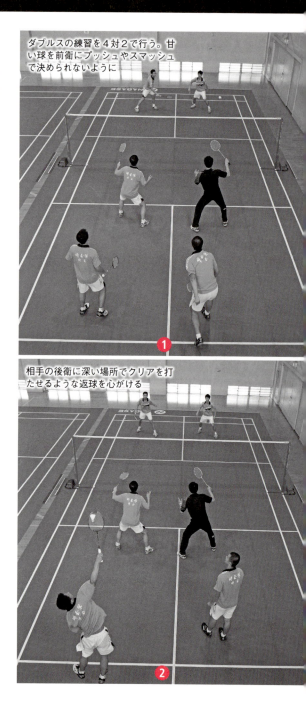

ダブルスの練習を4対2で行う。甘い球を前衛にプッシュやスマッシュで決められないように

相手の後衛に深い場所でクリアを打たせるような返球を心がける

第7章 強くなるための実戦的練習法

練習法⑤
2対1で行うスマッシュ3コースドリル

これはトップアンドバックの陣形になったときのスマッシュ精度を上げる練習です。

基本的にスマッシュのコースは両サイドとセンターの3コース。その打ち分けを2対1で行います。一人側がスマッシュを受ける位置は、写真のような3カ所。打つ場所を制限していれば、一人側も十分対応できます。

前衛に叩かれないような深い球を上げ続けましょう。

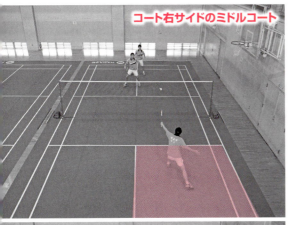

コート右サイドのミドルコート

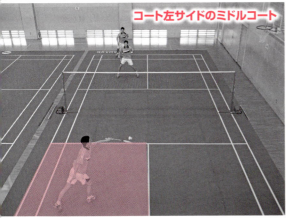

コート左サイドのミドルコート

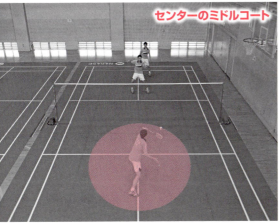

センターのミドルコート

ダブルスの実戦的練習法

練習法⑥
2対1で行うつなぎ球ドリル

　これはトップアンドバックの陣形で短い球を落とされたとき、短いつなぎの球を返して陣形を維持する練習です。②や③のような状況で簡単にロブを上げてしまうと、サイドバイサイドの陣形をとらざるを得ません。攻撃を続けるためにはトップアンドバックの陣形を維持したいところ。そのためのつなぎ球をこの練習で繰り返します。

　写真では1人側が右サイドに位置していますが、左サイドでつなぐ練習もかならず行いましょう。

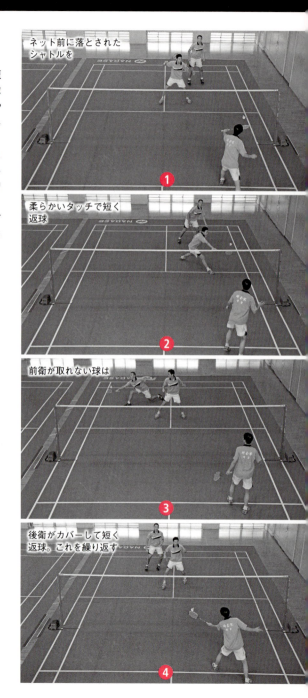

① ネット前に落とされたシャトルを
② 柔らかいタッチで短く返球
③ 前衛が取れない球は
④ 後衛がカバーして短く返球。これを繰り返す

第7章 強くなるための実戦的練習法

サービスを相手の前衛がうまくプッシュ

後衛がカバーしてストレートにロブを上げる

相手の後衛がスマッシュで強打してくるようなときはサイドバイサイドの陣形で対応

相手の後衛がクリアを上げてきたら

サイドバイサイドからトップアンドバックの陣形に切り替える

練習法⑦
ダブルスのローテーション

　ダブルスの陣形は、2人が縦に並ぶ「トップアンドバック」と2人が横に並ぶ「サイドバイサイド」の2つが基本形です。

　トップアンドバックは、前後で役割分担しながら攻撃的に攻める陣形。サイドバイサイドは、左右に役割分担した守備重視の陣形ということになります。

　実戦では、この2つの陣形を状況によって使い分ける必要があります。写真はその例を示したものです。基本形はしっかり頭に入れておいてください。

175

第8章

シングルス&ダブルスの基本戦術

自分の攻撃パターンを作ろう

この章では、戦術を考えてみたいと思います。テクニックやフィジカルが互角ならば、勝敗を分けるのは戦術です。ここでは、相手のタイプ別に基本的な攻め方のセオリーを中心に紹介しています。これに自分のプレイをアレンジしながら独自の戦術を探っていってください。

シングルスの戦術①

先手、先手で攻めるためには？

POINT このポジションでクリアを打たせることができれば、少なくとも五分の展開に持ち込むことができる

サービスの精度を上げよう

同じラケットスポーツでも、バドミントンがテニスや卓球と異なる点は、サービス権を持っている優位性が大きくないことです。テニスや卓球は、サービスだけでポイントを取ることができますが、バドミントンではそういうわけにはいきません。サービスが甘ければレシーブ側が有利なケースが出現します。

そこでしっかり取り組んでもらいたいのがサービス精度を上げる練習です。シングルスなら、相手をコートの奥まで下げるロングハイサービスがとても大切になります。もし相手がハイクリアでの対応しかできないサービスを打てば、少なくとも五分の展開に持ち込めます。また、つねに深いサービスを打つことができれば、相手はそれを警戒してくるので、ショートサービスで予測の裏をかくこともできるはずです。「先手を取るための第一歩」として戦術的なサービスを打てるように練習に取り組みましょう。

シングルスの戦術②

ラリーを有利に展開するためには？

POINT
同じフォームから前後のショットを打ち分けられると相手を崩すことができる

前後の崩しを考えよう

シングルスではリアコートで打ち合うだけでは試合に勝てません。ミスしないことだけを考えた戦いになると体力があるほうが有利になってしまいます。戦術的に戦うためには、相手を前後に動かして体勢を崩し、ミスを誘うことが大切です。これはリアコートでの守備が強い相手と当たったときの基本的な配球と言えます。

もし、スマッシュとカット（ヘアピンとロビングも同様）を同じ体勢から打つことができれば、相手は2つのショットに備えなければなりません。相手を前後に振って、十分な体勢で打たせなければ、確実にラリーの主導権を握ることができます。大切なのは、相手にショットを「読まれない」ことです。同じフォーム、構えから、最低でも2つのショットを打ち分けられるように練習に取り組みましょう。

シングルスの戦術③

スマッシュの基本コースは？

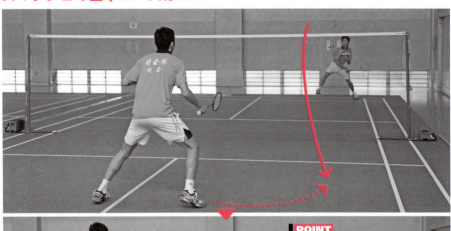

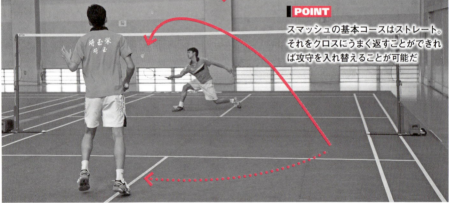

POINT
スマッシュの基本コースはストレート。それをクロスにうまく返すことができれば攻守を入れ替えることが可能だ

ストレート70%、クロス30%くらいの意識で

　先手を奪ってスマッシュで攻撃できるときは、ストレート70%、クロス30%くらいの意識でコースを打ち分けるのが基本です。ストレートの割合が多いのは、最短距離に打ち込むことで、相手の時間を奪うことができるからです。

　また、逆の視点、つまりレシーブ側からスマッシュを考えてみると、ストレートのスマッシュを抑えることを第一に考えながらポジショニングすることが基本となります。そこでクロスのショートリターンやロングリターンをうまく使えると、相手のプレイの連続性を止めて、相手を大きく動かすことができます。つまり、一本のショットで攻守を逆転させることも可能なわけです。練習では、ストレートに打つスマッシュ、それをクロスに返球するレシーブの組み合わせを数多く取り入れるようにしましょう。

シングルスの戦術④

・・シングルスの攻撃の糸口は？

POINT
苦しい体勢となった相手がクロスに返球してきたときはオープン攻撃を基本にしながら、同じサイドに打って逆を取ることも考えよう

▶ オープンスペースを狙って攻撃しよう

　ラリー中に相手が苦しい体勢でクロスに返球してきたときは、コートカバーすべき範囲がかならず広くなっています。つまり、相手コートに「オープンスペース」ができているということです。そのオープンスペースをうまく突くことができれば攻め込むチャンスが生まれるはずです。

　また逆に、自分がクロスを打つときは、自陣にできるオープンスペースを念頭に置きながら、素早く体勢を立て直し、その後のコートカバーリングを考えることが大切です。

　先手を奪ってオープン攻撃ができているとき、相手はかならずポジションを戻そうと早めに動き出します。その動きの逆をついて、同じサイドにもう一本打つのも戦術的なショットと言えます。

シングルスの戦術⑤

…強打してくる相手と当たったら？

POINT
バック奥に上げるクリアとフォア前に落とすカット。この2種類のショットに自信があれば対角線の配球で相手の強打を封じることができる

対角線のショットを有効に使って主導権を握ろう

　リアコートでのラリーになったときに、強打が得意な相手はどんどん打ってきます。こんな相手に対してクリアで逃げているだけでは勝てません。主導権を握るためには、相手の強打を封じるショットを考えなければいけません。

　ここで大事なヒントとなるのが対角線の配球です。対角線というのは、（フォア奥＋バック前）、（バック奥＋フォア前）というショットの組み合わせのことです。もちろん四隅を有効に使うのが理想ですが、2つのショットの組み合わせでも十分戦えます。

　例えば、フォア奥へのクリアの後、次のショットはバック前にカット（ドロップ）を活用するわけです。うまく使うことができれば、それで相手の強打を封じることができます。練習では、リアコートからカットやドロップでネット前に落とすテクニックをしっかり磨きましょう。

シングルスの戦術⑥

受けに強い相手と当たったら？

POINT ボディに打って相手がやっと返すような体勢になったら一気にネットに詰めて連続攻撃を狙おう

ボディ攻撃を有効に使おう！

　受けに強い選手は、両サイドやオープンコートのカバーをつねに意識しています。そういう選手は相手に打たせてからカウンターを狙うのも上手です。打っても、打っても決まらない、受けが完璧な相手に当たったときに有効になるのが、ボディへの攻撃です。

　ボディに打てば、相手はラケットを振るスペースがありません。つまり、コースを狙うのは難しく、深くにコントロールするのも難しいということです。典型的な攻撃パターンは、上の写真のように、ボディへのショットで短くなったリターンを狙って、前に詰めて、プッシュやスマッシュで上から叩く攻めです。

　ボディの返球は、バック側よりフォア側のほうが難しいので、相手の利き腕側を狙うのも大切なポイントです。

シングルスの戦術⑦

単調な攻撃を打開するショットは？

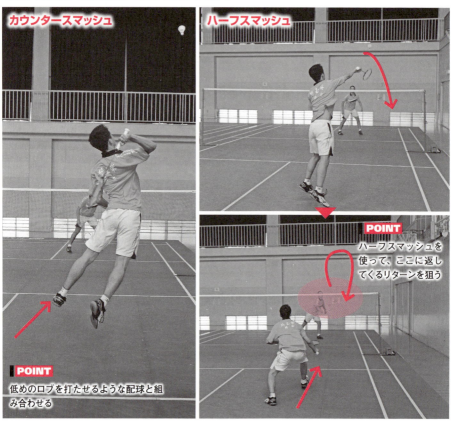

カウンタースマッシュ

POINT
低めのロブを打たせるような配球と組み合わせる

ハーフスマッシュ

POINT
ハーフスマッシュを使って、ここに返してくるリターンを狙う

カウンタースマッシュとハーフスマッシュを使って攻める

　シングルスに勝てない選手の中には、攻撃が一本調子になってしまっているケースがあります。強打だけでは攻めきれないのがわかっていながら、それ以外の選択肢がないというパターンです。そういった選手はスマッシュからの攻撃に変化をつけることを考えるべきです。

　カウンタースマッシュもひとつの得点パターンです。この攻撃では少し長めのカットを使って相手に低いロブを打たせるのがポイントです。また、スピードを抑えて打つハーフスマッシュを織り交ぜることも有効です。フェイント的に使えるハーフスマッシュで攻撃に変化をつけるとミスを誘うことができます。

　いずれにしろ、単純に強打するスマッシュより、テクニック的に難しいところがあるので、使えるようになるまで、しっかり練習を繰り返すことが大切です。

シングルスの戦術⑧

ネット前の攻めを効果的にするには？

POINT 短いショットに対してはミドルコートから鋭く切り込むフットワークを使おう

ラケットを立てて鋭く切り込み、ショットを読ませない

　ネット前からのショットは、ラケット面が上を向いた状態から打つので、守備的なショットと思われがちですが、相手の球に鋭く切り込むことができれば、戦術的なショットとして活用することができます。

　通常、ラケット面が上を向いた状態を作ると、相手はネット前に落とすショットかロブを警戒します。しかし、その前段階で、ラケットを立てて切り込むと、相手はショットを読めずに、ヘアピンやロブだけでなく、ドライブやプッシュまで意識せざるを得ません。こうして相手が警戒するショットを増やした状態を作っておけば、相手を惑わせることができます。

　最終的にヘアピンやロブを使ったとしても、相手の一歩目を遅らせたり、体勢を崩すことができれば、有利に戦うことができます。

ダブルスの戦術①

・・・相手がサービスのときは？

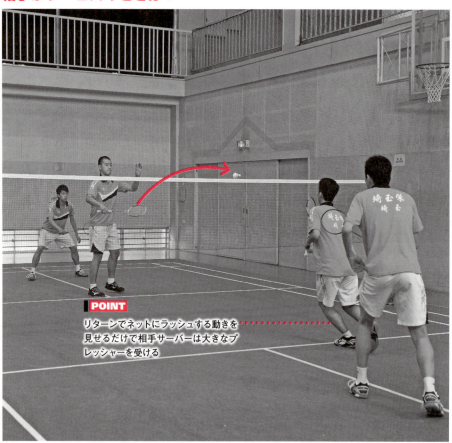

POINT
リターンでネットにラッシュする動きを
見せるだけで相手サーバーは大きなプ
レッシャーを受ける

3球目で攻める
パターンに持ち込もう

　ダブルスでは、相手のショートサービスにいかに対応するか、という点が大切です。レシーバーが戦術的なリターンをすることができれば、3球目で自分たちが攻めるパターンに持ち込むことができます。

　ショートサービスのリターンは、強い球を打つことより、まずは沈める意識を持つことが大切です。センターへのプッシュ、サイドへのハーフショットを中心に、沈むリターンに成功すれば主導権を握ることができます。

　相手がショートサービスを打ってきたら、素早くネット前に飛び込んで、高い打点でとらえる姿勢を見せましょう。相手がそれを嫌がってロングハイサービスを使ってくるようならば、パートナーが後ろから打つショットで主導権を握ることができます。

ダブルスの戦術②

ダブルスの陣形は？

サイドバイサイド

トップアンドバック

POINT
サイドバイサイドからトップアンドバックに移行することをつねに考えながら戦おう

守りから攻めへの切り替えをつねに考える

　ダブルスの陣形は、2人が縦に並ぶ「トップアンドバック」と横に並ぶ「サイドバイサイド」が基本形となります。トップアンドバックは「攻め」、サイドバイサイドは「守り」の陣形と言ってよいでしょう。

　ここで重要になるのは、守りのサイドバイサイドから、攻めのトップアンドバックへの移行をつねに考えながら戦うことです。サイドバイサイドでのレシーブの状況から、自分たちが攻撃する状況に切り替えるような配球をすることが鍵となります。ショートリターン、ドライブリターン、ロングリターンを状況に応じて使い分け、相手に上から打たせないことがポイントです。「相手が打てない」と思ったタイミングでスムーズにトップアンドバックの陣形に切り替えられるのが強いダブルスペアと言えます。

ダブルスの戦術 ③

…トップアンドバックでの攻め方は？

POINT
守りに欠点があるほうを一方的に攻めるのもダブルスの戦術と言える

前衛が前で決めるパターンに持ち込むのが理想

　トップアンドバックの陣形になったときは、後衛がスマッシュで攻めて、甘くなった球を前衛が叩くというのが理想型です。役割としては「後衛が作り役」、前衛が「決め役」となります。後衛は、ストレートへのスマッシュを軸に、センターをうまく使いましょう。後衛が打ったコースに対し、前衛がポジションを移動して、相手に簡単に返球させないようなコンビネーションができているペアは強いと言えます。

　また、攻め方としては「2対1」で攻撃する場面を多く作るのもポイントです。後衛は、守備が弱いほうを中心に攻め、前衛は、相手の返球コースを限定させるようなポジショニングを考えましょう。2人が連携して攻撃ができるようになれば、ワンステップ上のダブルスを戦えるようになります。

ダブルスの戦術④

サイドバイサイドでの守り方は？

サイドバイサイド

▶POINT
ネット前にうまく落とせた状況なら、左回りのローテーションを使ってトップアンドバックの陣形に素早く移行する

ローテーションして攻撃につなげよう

　サイドバイサイドの陣形で守っているときに考えることは、相手の球が少しでも甘くなったら、すぐに攻め上がれるような意識を持つことです。例えば、写真のように、ネット前に落とすレシーブができたときがチャンス。ここで右の選手が攻め上がれば、相手はロブを上げて陣形を立て直そうとします。

このとき、左の選手が右回りにローテーションすると、サイドバイサイドからトップアンドバックへ移行することができます。

　状況に応じて、フォーメーションをさまざまに変えていくローテーションプレイをスムーズに行うためには、多くの練習が必要です。「このショットを打ったらどうする？」、「相手がこの体勢ならどうする？」……そういったことを実戦練習の中で繰り返し、2人のコンビネーションを高めていきましょう。

監修：埼玉栄高等学校男子バドミントン部

監修者
大屋貴司監督

1968年生まれ。東京都出身。日本体育大学から日本ユニシスを経て埼玉栄高等学校教員。1999年に男子部監督に就任以来、インターハイ団体優勝11回、全国選抜団体優勝10回の実績を残す名将。またU19ジュニアナショナルチームのコーチとしても指導を行っている。

堂下智寛コーチ

1985年生まれ。新潟県出身。日本体育大学〜埼玉栄高等学校教員。2011年は全日本教職員選手権優勝の戦績で全日本総合ダブルスにも出場。大屋監督とともに埼玉栄男子バドミントン部を支える若手コーチ。

埼玉栄高等学校　男子バドミントン部

インターハイの団体では8連覇を含み11回の優勝。全国選抜でも8連覇を含み10回の優勝と高校バドミントン界の最強軍団。2012年は全日本総合にもシングルス、ダブルスに選手を送り込む。また女子部もインターハイ、全国選抜の団体戦で各2回の優勝を飾っている。

あとがき

　バドミントンにおける技術・基本についてご理解いただけましたでしょうか。

　バドミントンを取り巻く環境は年々進化しています。ルールや道具が改良されていく中で、同じようにシングルス、ダブルスのプレースタイルも変化してきました。

　しかし、そういった変化の中でも「基本」の大切さは今も昔も変わることはありません。現在、日本のバドミントンは世界でも大きく飛躍を遂げています。その要因の一つとしてジュニア世代からこういった基本技術を指導者の方がしっかりと教え、そして選手が理解し、実践できている成果だと私は感じています。

　これからバドミントンを始める人も、今よりも高いレベルを求めている人も、そして指導者としてバドミントンに携わる人も、本書をきっかけに今一度「基本」の大切さを認識していただけたら幸いです。

撮影モデルとなってくれた部員

（左から）
水村秀人（3年）　岡本優幹（3年）
嶋田理人（3年）　柴田一樹（3年）　小野寺泰雅（3年）

STAFF
編集　　　　　井山編集堂
写真　　　　　井出秀人
本文デザイン　上筋英彌・木寅美香（アップライン株式会社）
カバーデザイン　柿沼みさと

パーフェクトレッスンブック
バドミントン　基本と戦術

監　修　　大屋貴司
発行者　　岩野裕一
発行所　　株式会社実業之日本社
　　　　　〒153-0044　東京都目黒区大橋1-5-1 クロスエアタワー8階
　　　　　[編集部] 03-6809-0452　[販売マーケティング本部] 03-6809-0495
　　　　　振替　00110-6-326
　　　　　実業之日本社ホームページ　http://www.j-n.co.jp/

印　刷　　大日本印刷株式会社
製本所　　大日本印刷株式会社

©Takashi Oya 2017 Printed in Japan
ISBN978-4-408-45622-5（第一スポーツ）

落丁・乱丁はお取り替えいたします。

本書の一部あるいは全部を無断で複写・複製（コピー、スキャン、デジタル化等）・転載することは、法律で定められた場合を除き、禁じられています。
また、購入者以外の第三者による本書のいかなる電子複製も一切認められておりません。
落丁・乱丁（ページ順序の間違いや抜け落ち）の場合は、ご面倒でも購入された書店名を明記して、小社販売部あてにお送りください。送料小社負担でお取り替えいたします。ただし、古書店等で購入したものについてはお取り替えできません。
定価はカバーに表示してあります。
小社のプライバシーポリシー（個人情報の取り扱い）は上記ホームページをご覧ください。

1702(01)